DANS LES COULISSES

Tournesol Conseils SA – Éditions Luc Pire
37/39, quai aux Pierres de Taille
B-1000 Bruxelles
ISBN : 978-2-87415-783-7
D/2007/6840/99
Pour l'édition française.

Édition originale : Insight Editions (US).

© 2006 Twentieth Century Fox Film Corporation. Tous droits réservés. Aucune partie de ce livre ne peut être reproduite en aucune forme sans la permission écrite de l'éditeur.
Bibliothèque de Congress Cataloging-in-Publication, données disponibles.

Palace Press International, en association avec Global ReLeaf, plantera deux arbres pour chaque arbre utilisé pour la fabrication de ce livre. Global ReLeaf est une campagne internationale lancée par American Forests, l'organisation de conservation à but non lucratif la plus ancienne de la nation, et un leader mondial pour la plantation d'arbres en vue d'une restauration environnementale.

10 9 8 7 6 5 4 3 2 1

24 © Twentieth Century Fox Film Corporation. Tous droits réservés.

Basé sur la série créée par Joel Surnow & Robert Cochran.
24h Chrono produit en association avec REAL TIME PRODUCTIONS.

DANS LES COULISSES

Préface de Kiefer Sutherland

Textes de Jon Cassar

Photographies de Jon Cassar,
Rodney Charters, ASC CSC,
Isabella Vosmikova
et les producteurs de 24h Chrono

TABLE DES MATIÈRES

Préface de Kiefer Sutherland	11
Introduction de Jon Cassar	13
Saison 1	14
Saison 2	28
Saison 3	54
Saison 4	88
Saison 5	112
Le tournage de 24h Chrono	136
Les décors	150
Invités célèbres	158

PRÉFACE

Alors que je triais ces photos, j'ai repensé à la création des cinq saisons de *24h Chrono* et j'ai réalisé que je ne divise pas cette expérience en saisons. Je ne la divise même pas en épisodes, ce que je trouve soudain très amusant puisque *24h Chrono* est le premier drame en temps réel dans l'histoire télévisée. Pour moi, le temps semble couler sans effort pendant que nous travaillons. D'ailleurs, si je devais fragmenter l'expérience de *24h Chrono*, je la séparerais en deux : les 315 jours de tournage avec l'équipe pour créer la série et les 50 jours d'attente avant de recommencer. Les personnes photographiées dans ce livre sont mes meilleurs amis et ma famille choisie. Ces photos, qui ont été magnifiquement prises par Jon Cassar, Rodney Charters, Isabella Vosmikova et d'autres membres de notre équipe, montrent les perspectives uniques et diverses de ce que représentait le fait de participer à la série pendant ces cinq dernières années. Avec des mots, j'ai essayé d'expliquer à des proches à quel point notre équipe est précieuse et constitue un facteur énorme du succès de *24h Chrono* : elle participe à rendre la série visuellement si excitante. Ces images le communiquent bien plus que les mots ne pourraient le faire. Jon Cassar, notre directeur principal, a débuté dans l'industrie du film en tant que cameraman de première catégorie. Il possède un don pour le détail et la composition. En ce qui concerne Rodney Charters, notre cinéaste, sa perception de l'éclairage, de l'équilibre et de la technologie, rend ses photos uniques. Isabella Vosmikova, quant à elle, notre photographe sur le plateau, a un tel désir de faire la meilleure prise possible qu'elle s'est souvent retrouvée à ma place, ce qui la mettait littéralement dans la scène avec moi. Je suis reconnaissant envers ces photographes d'avoir pris ces images, car elles sont le parfait rappel de combien cette expérience a été précieuse ; et alors que les mots semblent me faire défaut, leur travail ne m'a jamais trahi.

~ Kiefer

"Je dédie ce livre et les images qui s'y trouvent à tous les membres de l'équipe hors médias qui, durant de difficiles et longues heures, ont travaillé à mes côtés.
Vous êtes ma force, ma motivation et sans aucun doute mes meilleurs amis."

–Jon Cassar

INTRODUCTION

Bienvenue dans *24h Chrono : dans les coulisses*. Considérez ce livre comme un cadeau de remerciement sincère, offert à nos fans, de la part de nous qui créons *24h Chrono*. Si vous avez réussi à suivre le rythme effréné de ces cinq saisons, à travers chacun des sprints de 24 heures de Jack Bauer, qui réussit d'une manière ou d'une autre à miraculeusement empêcher un désastre, alors nous sommes certains que vous apprécierez ce record photographique, en arrière-plan des aventures de Jack.

Ce livre est la vue intime d'un initié à propos de quelque chose qui, dans l'esprit de quelques personnes très créatives, a pris naissance comme une simple série policière – une minisérie limitée – mais qui est maintenant devenue, grâce à nos millions de téléspectateurs et de fans à travers le monde, un phénomène grandeur nature de la culture pop. À quelques exceptions près, aucune de ces photographies n'a été publiée jusqu'alors. C'est parce que la plupart n'ont pas été prises dans l'idée de l'être un jour. Ces tranches de vie de *24h Chrono*, prises par des membres de l'équipe tels que moi-même et mon collègue, l'exceptionnel directeur de photographie Rodney Charters, sont avant tout nos propres souvenirs. Notre intention était tout simplement de garder la trace des gens, des lieux et des événements qui sont devenus, au cours des cinq dernières années, centraux et significatifs dans nos propres vies. J'ai l'honneur de vous les présenter et de vous les décrire dans les pages qui suivent.

En effet, au cours de l'exercice de mes fonctions pour *24h Chrono*, j'ai vu aboutir à des noces des unions qui se sont formées au sein de notre petite et talentueuse équipe, j'ai vu des enfants naître de ces mariages et j'ai vu des amitiés fortes se forger au cours de nos longues nuits de dur labeur. En fin de compte, pour l'équipe derrière l'équipe de la CAT, ces amitiés, expériences et souvenirs survivront même à l'éblouissant succès de la série.

Cette réussite, bien sûr, n'aurait pas été possible sans notre légion de fans. C'est pour cela que nous voulions partager certains de ces moments avec eux – des moments rendus possibles par le progrès de la technologie numérique. Quand j'ai commencé dans le monde de la télévision, il y a bien trop longtemps, il était rare que n'importe qui, hormis le département de publicité, apporte des appareils photos sur le plateau. C'était rarement permis et, même quand ça l'était, l'éclairage et les conditions sur le plateau étaient, la plupart du temps, mauvais pour saisir des images photographiques de qualité. Tout cela a bien changé maintenant, grâce au progrès des appareils numériques – une évolution qui a décollé plus au moins au moment où *24h Chrono* a été diffusée sur la Fox.

En conséquence, Rodney Charters et tous les autres ont commencé à photographier, dès que l'occasion se présentait, les moments les plus drôles, les plus inattendus et les plus forts. Tandis que vous tournerez les pages, vous verrez que nous avons des photographes plutôt talentueux dans notre petite famille.

En effet, l'équipe de *24h* c'est une famille car dire au revoir aux incroyables acteurs dont les personnages sont éliminés saison après saison par nos auteurs effrontés – des acteurs tels que Dennis Haysbert – est devenu la partie la plus douloureuse de ce travail. Dans les pages qui suivent, vous verrez les photos de ces moments-là. La bonne nouvelle, ironiquement, c'est que pendant que notre distribution subit de grands retournements au fil des saisons, tandis que les personnages sont sacrifiés sur l'autel de la narration respectable, notre équipe est restée remarquablement stable au cours des cinq dernières années.

Mes remerciements sincères s'adressent à mes collègues photographes – Rodney Charters, David St. Onge, Isabella Vosmikova, Jay Herron, Michael Klick, Bruce Margolis, Zak Cassar, Alicia Bien et Yoshi Enoki, Jr. – et à l'ensemble de l'équipe et du personnel derrière *24h Chrono* et derrière le livre consacré à la série. De l'incroyable, talentueux et bosseur Kiefer Sutherland à nos producteurs Joel Surnow, Robert Cochran, Howard Gordon et Evan Katz, et à nos amis chez 20th Century Fox Television, Fox et Imagine, Dana Walden, Gary Newman, Brian Grazer et David Nivens, jusqu'à chaque machiniste et chaque assistant qui se sont aventurés sur notre plateau pendant ces cinq années, tous méritent ma gratitude. Pour moi, *24h Chrono* est devenue beaucoup plus que la série télévisée la plus palpitante et saisissante ; elle est mon deuxième chez-moi et l'expérience la plus agréable de ma carrière. Et je suis certain que les personnes que vous voyez à l'écran et dont nous parlerons dans ce livre ressentent exactement la même chose.

Alors, sans plus de cérémonie, sentez-vous libre de tourner les pages et d'entrer non seulement dans le monde de Jack Bauer, mais aussi dans l'univers de l'équipe de professionnels la plus travailleuse de la télévision. Comme vous le verrez, en ce qui concerne l'effort et l'excitation, l'envers du décor reflète beaucoup la grande dramaturgie que notre équipe envoie sur votre écran télévisé chaque semaine.

Jon Cassar
Réalisateur/co-producteur exécutif

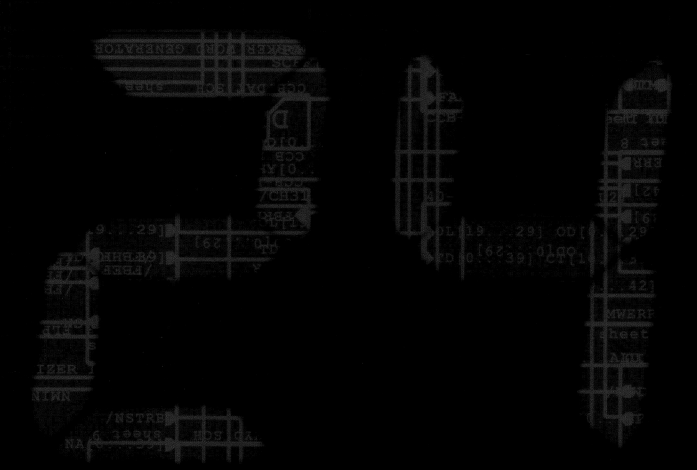

Saison 1

23:59:02

KIM BAUER

Ces portraits montrent Elisha Cuthbert alors qu'elle jouait la « jeune Kim » Bauer, par opposition à la « Kim mature ». Vous pouvez voir à quel point elle était jeune. Elle ressemblait à l'adolescente qu'elle était quand elle a rejoint la série. Elisha a grandi devant nos yeux. Au fil des saisons, vous pouvez voir à quelle vitesse elle a mûri. Nos deux magnifiques vedettes féminines, Elisha et Reiko Aylesworth, étaient sans aucun doute les deux personnes que Rodney Charters s'est le plus amusé à photographier.

23:57:44

14:00 – 15:00 / 24H CHRONO
Au-dessus : Elisha Cuthbert et Leslie Hope célèbrent avec Kiefer le Golden Globe qu'il a remporté. À l'arrière-plan, Robin Chamberlin, le producteur exécutif de l'unité de production, les regarde.

TERI BAUER

Ceci est un adorable portrait « mère et fille » de Teri (Leslie Hope) et Kim Bauer (Elisha Cuthbert). Leslie est une actrice particulièrement brillante, et nos fans n'étaient pas les seuls à être choqués quand son personnage a été tué – c'était difficile pour nous tous également. Elle a été l'une des premières actrices de la famille à qui il a fallu dire au revoir. En tant que réalisateur, il y a toujours une part de moi qui pense « c'est une intrigue géniale », mais dans un moment comme celui-ci, la part de collègue qui est en moi pense « on ne verra plus Leslie » et ça peut être vraiment difficile.

23:28:14

VICTOR DRAZEN

Dennis Hopper tenait le rôle du diabolique Drazen – un homme qui en veut énormément à Jack Bauer. Hopper était parmi les premiers acteurs de renom à se joindre à notre distribution. Lui et Kiefer sont des amis hors tournage et sont apparus ensemble dans quelques autres films. Certains se moquaient de son accent serbe, mais il a fait un excellent boulot pour nous.

MORT OU VIVANT ?

Cette photo historique a été prise pendant le dernier épisode de la saison un. Nous étions en train de tourner la scène controversée de la mort de Teri Bauer (Leslie Hope) et nous ne parvenions pas à décider si nous devions filmer une autre fin, au cas où. Comme ce cliché l'illustre, le débat faisait rage à ce sujet, même au sein de la famille de *24h Chrono*. Ici, vous voyez notre réalisateur/co-producteur exécutif de la première saison, Stephen Hopkins, pris dans une discussion intense avec Kiefer sur le plateau de la Cellule anti-terroriste (CAT). Ils débattent pour savoir si la fin originale sera tournée – celle qui montre la mort de Teri – ou si la première saison se clôturera différemment. À ce moment-là, Kiefer pensait que la mort irrémédiable de Teri était une idée terrible et, sur cette photographie, on le voit en train de dire à Stephen ce qu'il ressent. Stephen, un réalisateur ayant reçu des prix Emmy, était persuadé de la nécessité de la mort de Teri. D'ailleurs, la disparition de personnages centraux est devenue une des marques de fabrique de la série. Toutefois, on ne peut pas forcer un acteur à jouer une scène en laquelle il ne croit pas, ça ne fonctionnera pas à l'écran.

21:59:14

2:00 – 3:00 / EN CONSTRUCTION
Le réalisateur Stephen Hopkins et les acteurs Kiefer Sutherland et Michael O'Neill discutent de la poursuite et de la bagarre armée que joueront Jack et Richard Walsh.

22:56:20

LA RÉALITÉ INTERVIENT

« La production de 24h Chrono était déjà bien entamée lors des attaques terroristes du 11 septembre. Sur cette photo, l'équipe en état de choc regarde les images prises à New York et Washington D.C. Comme la plupart des travailleurs, nous sommes rentrés chez nous à 10h, alors que nous avions commencé le boulot à 7h. Un autre effet de cette attaque terroriste sur la série a été la demande du département légal de la Fox de couper la scène où un 747 explose à 11 000 mètres d'altitude. Cela signifiait également l'annulation d'une scène aérienne étendue, qui devait être tournée, et le remplacement du centre-ville par Glendale. »

– Rodney Charters

22:51:23

7:00 – 8:00 / CENTRALE ÉLECTRIQUE DE SANTA CLARITA, LOS ANGELES
Le jour des élections, l'agent des services secrets, Pierce, passe par la sécurité avant que le sénateur Palmer ne donne son discours, au cours du petit-déjeuner.

TRIVIALES POURSUITES

Après que Stephen Hopkins ait utilisé la blague de sa chaussette-marionnette, M. Floppy, dans certains épisodes de la saison un, nous avons commencé à chercher des images amusantes à insérer dans la saison deux. Nous avons décidé d'utiliser des variantes du nombre 24. Ici, je suis debout à côté d'un mur portant un graffiti : « 24 » en chiffres romains. Ce tag est montré pendant une seconde ou deux dans le premier épisode de la saison deux. On voulait insérer le nombre 24 le plus souvent possible. Donc, lors de cette saison, on l'a utilisé à divers moments, par exemple pour les plaques minéralogiques. On s'est finalement lassés du gag, alors on a arrêté – je ne pense pas que le nombre 24 ait vécu aussi longtemps que M. Floppy, mais c'était quand même amusant !

14:00 – 15:00 / POINT DE TRANSFERT
Le réalisateur Jon Cassar travaille avec Richard Burgi, qui joue le rôle de Kevin Carroll, alias Alan York.

22:16:27

14:00 – 15:00 / POINT DE TRANSFERT
Kevin Carroll propose à M. Drazen de travailler pour lui, mais Drazen lui dit que le « plan B » a déjà été mis en place : cette explosion mène à la mort de Kevin Carroll. Les explosions de 24h Chrono, créées par Stan Blackwell et son équipe d'effets spéciaux, sont de première catégorie et ajoutent à la crédibilité de notre série.

SAISON 2

MÉMORIAL LINCOLN

J'appelle ceci la photo du « mémorial Lincoln ». Elle a été prise quand le Président David Palmer (Dennis Haysbert) est démis de ses fonctions et détenu dans une cellule. La photo a été tirée sous le même angle que celui avec lequel nous avons tourné la scène, même si elle apparaît plus large qu'elle ne l'aurait été sur un écran télévisé. J'ai dirigé la scène avec le mémorial Lincoln en tête. D'habitude, sur le plateau, il y a une peinture qui est suspendue entre les deux lumières, et j'ai demandé qu'elle soit retirée parce que je visais un style nu, graphique. C'est un moment très méditatif, dramatique pour le personnage du Président Palmer et nous l'avons filmé spécialement pour la « case finale », lorsque, à la fin de chaque épisode, nous montrons chacun des personnages principaux dans une petite case afin de rappeler aux spectateurs où en est la trame. Je suis fier de dire que les fans ont saisi l'ambiance que nous essayions de recréer.

21:52:45

8:00 – 9:00
Jack (Kiefer Sutherland) rend service au Président Palmer (Dennis Haysbert), il retourne à la CAT pour aider celui-ci à pister une nouvelle menace, une bombe nucléaire.

LE « BRAS DROIT » DE JON : ANNE MELVILLE, SUPERVISEUR DE SCRIPT

Cette photo a été prise avec un objectif de 180 degrés – elle offre une perspective intéressante de nous, tous serrés sous la petite tente automatique, pendant que nous tournions la séquence de « la tête de Goren ». Nous avions vraiment besoin de cette tente ce jour-là, puisqu'il faisait bien plus de 38 degrés à Los Angeles. La femme qui se trouve à côté de moi, je l'appelle mon bras droit, non seulement parce qu'elle s'assied toujours à ma droite quand je dirige, mais aussi parce que je serais complètement perdu sans elle. Elle se nomme Anne Melville et elle est le superviseur principal du script de la série, un boulot très important. Elle contrôle chaque réplique qu'énoncent les acteurs pendant la production. Ensuite, elle note les éventuels changements, corrige les erreurs et rappelle aux acteurs quelles sont leurs répliques s'ils les oublient. Une autre remarque : je peux savoir d'emblée que la photo a été prise un vendredi parce que je porte une chemise hawaïenne (remarquez, à gauche, que Christopher Witman porte un nœud papillon). Le vendredi est toujours un jour détendu sur le plateau ; les gens ont tendance à être un peu loufoques : on s'amuse toujours beaucoup et c'est génial pour le moral.

J'VAIS AVOIR BESOIN D'UNE SCIE

La photo sur la droite vient du début de la saison deux, lorsqu'on était déterminés à commencer l'année avec des scènes chocs. Ça a probablement mené à la réplique la plus célèbre de la série, lorsque Jack dit, à la fin de l'épisode un : « J'vais avoir besoin d'une scie. » Sur l'image, on voit la scène de l'épisode subséquent, quand il apparaît sous couverture avec, comme vous pouvez le voir sur le sol, la tête d'un informateur nommé Goren – dans un sac. Cette tête fait partie du plan de Jack pour s'infiltrer dans un gang : elle démontrera sa loyauté. Évidemment, nous ne l'avons jamais montré en train de couper la tête. On voit simplement la tête qui roule hors du sac, lorsque Eddie Grant (à droite, joué par Douglas O'Keefe) regarde à l'intérieur du sac et le lâche. Une partie de la tête est visible, mais on n'en voit jamais l'entièreté pendant cet épisode. Même si nous n'avons jamais montré la tête en entier, cet épisode illustre une fois encore à quel point nous travaillons dur pour que chaque scène soit aussi réaliste que possible. Notre équipe d'effets spéciaux a construit la prothèse à partir d'un moule de la tête de l'acteur, y compris ses cheveux ; la prothèse comportait beaucoup plus de détails que ce que les spectateurs ont vu.

Au-dessus : Kiefer attend de tourner une scène parmi un tas de voitures bousillées, dans un dépotoir. Nous voulions un cadre désordonné pour cette scène. Une fois encore, ce lieu est typique du réalisme cru que nous voulons filmer.

9:00 – 10:00 / SALVAGE YARD

Au-dessus à gauche : Kiefer Sutherland (Jack Bauer) dans un lieu qui dénote par rapport au « glamour » hollywoodien.

9:00 – 10:00 / SALVAGE YARD

Au-dessus : travaillant sous couverture pour la CAT, Jack (Kiefer Sutherland) démontre sa fiabilité à Eddie Grant (à droite, joué par Douglas O'Keefe) en lui livrant la tête tranchée de Goren (Carl Ciarfalio).

21:31:14

EN SOLO SUR LE TOIT

Cette photo est une prise fantastique de notre opérateur de caméra-B, Jay Herron. Encore une fois, Kiefer se prépare pour une scène d'anthologie. Il est plongé dans ses pensées, réfléchissant à la scène : il doit tirer sur un jeune homme, sur un toit. Bien qu'il n'y ait presque pas de trafic dans la rue, cette scène a été tournée à Los Angeles. (Où peut-on voir à L.A. une rue sans trafic ?). Sur cette photo, Kiefer, tout comme Jack Bauer, semble très solitaire. À cet instant, Kiefer est complètement seul face à son travail. Ni réalisateur ni cameraman ne peut l'aider – tout dépend de lui.

6:00 – 7:00 / SUR UN TOIT, CENTRE-VILLE DE LOS ANGELES

« Je suis fier de dire que cette photo est une de mes préférées parmi celles que j'ai prises. Les acteurs doivent répéter, mémoriser leur texte, projeter des sentiments de visu et vraiment entrer "dans le moment" pour faire croire aux spectateurs qu'ils sont les personnages qu'ils jouent. Kiefer Sutherland est un maître de son art et j'ai eu une chance discrète de le saisir en train de se préparer pour son rôle de Jack Bauer lors de la finale. » – Jay Herron

SURFANT

Une des difficultés du boulot de Kiefer est que son robuste et solitaire personnage ne sourit pas beaucoup – et Kiefer non plus lorsqu'il se prépare pour des scènes sérieuses. Entre les prises, il peut être très déterminé et profondément ancré dans son personnage, mais pendant des scènes davantage physiques, il peut en fait être d'une humeur assez légère. En réalité, c'est alors qu'on le voit dans ses moments les plus dingos. Dans ce cas-ci, on filmait une scène sur un toit, on attendait que les caméras soient en place. Soudain, Kiefer a commencé à se comporter comme Superman sur ce chariot. Et alors nous avons tous pu voir son magnifique sourire !

7:00 – 8:00 / SUR UN TOIT, CENTRE-VILLE DE LOS ANGELES
Se délassant entre les prises, Kiefer Sutherland (Jack Bauer) surfe sur le chariot de décors du plateau.

AUSSI GRAND QUE LINCOLN (FILMANT PALMER)

Ces prises illustrent comment nous bloquons une scène – dans ce cas, il s'agit de la scène de la tentative d'assassinat du Président David Palmer. Elles sont intéressantes notamment parce qu'elles montrent à quel point il est compliqué de filmer un acteur qui mesure 1m93, tel que Dennis Haysbert. Sur les cinq photos (sens des aiguilles d'une montre en commençant en haut à droite), je l'accompagne dans la scène qu'il doit commencer par une déclaration publique au cours de laquelle il se sent au sommet du monde. Ensuite, il doit marcher à travers la foule en serrant la main des gens. Dans cette prise, je voulais qu'il domine tout le monde, alors on a choisi un endroit sur une volée d'escaliers au centre-ville de Los Angeles, avec tous ces bâtiments élevés qui créent un véritable sentiment de pouvoir et d'énergie autour de lui. Même sur une surface plane, Dennis domine tout le monde, mais nous l'avons élevé davantage pour montrer la force et le pouvoir immenses de son personnage. Cette prise est très inhabituelle. En effet, nous avons utilisé une grue afin d'être juste en face de Dennis. Ainsi, nous pouvions glisser en suivant son pas, à reculons, tandis qu'il descendait les marches. Le gars avec la caméra derrière Palmer est supposé être un reporter, mais en réalité il fait partie de l'équipe DVD qui vient souvent sur le plateau pour filmer du matériel documentaire pour nos parutions en DVD. Alors, dans la scène, nous l'avons filmé en tant que reporter. Nous avions besoin de quelques figurants afin de représenter les médias. Ils étaient là et ont tous accepté de le faire : nous les avons filmés en train de nous filmer, pour ainsi dire, et nous les avons payés en tant que figurants pour la journée.

7:00 – 8:00 / CENTRE-VILLE LOS ANGELES

Ci-contre : Jon Cassar explique une prise qu'il veut filmer.

CENTRE-VILLE, LOS ANGELES

Beaucoup de gens ne savent pas que Los Angeles possède en fait un centre-ville magnifique ainsi qu'une architecture intéressante. Dans cette prise, je dirige une scène au milieu de ces immenses buildings. Tous ceux qui avaient un appareil ont sauté sur l'occasion et ont sorti leurs lentilles à angle large pour prendre des contre-plongées, créant l'effet que vous voyez ici, avec tous ces gratte-ciels suspendus au-dessus de nous. L'image est belle, toutefois vous ne verrez jamais une telle prise dans la série, même lorsque nous tournons en plein centre-ville de Los Angeles : elle est trop luxueuse, trop vidéo-rock par rapport à l'esprit de notre série. Nous nous focalisons davantage sur des prises « simples et authentiques », réalistes.

7:00 – 8:00 / CENTRE-VILLE LOS ANGELES
Le réalisateur Jon Cassar fait le parcours qu'effectuera la caméra sur la grue pour capter la prise finale du Président Palmer (Dennis Haysbert) étendu par terre.

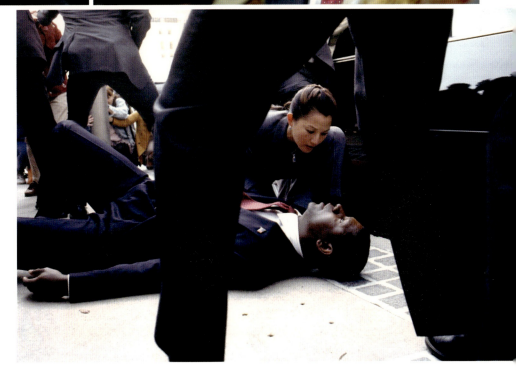

TENTATIVE D'ASSASSINAT SUR PALMER

À la fin de la saison deux, Mandy, jouée par Mia Kirshner, empoisonne le Président Palmer en lui serrant la main. À la fin de cette saison, ce dernier est presque mort. La photo de droite a été prise entre les jambes d'un acteur pendant la scène au cours de laquelle Palmer défaille et enfin s'écroule – une prise très dynamique qui vous donne l'impression d'être à genoux derrière un agent secret en train de regarder le Président qui s'est effondré. Pour la scène qui a été diffusée, on a utilisé une grue, ce qui est très rare, car je voulais une image singulière et surprenante : ce devait être la dernière de la saison.

21:00 – 22:00 / AÉROPORT

Ci-dessus : Jack (Kiefer Sutherland) interroge Marie Warner (Laura Harris) afin de recevoir des informations à propos de la bombe nucléaire. Depuis le début de cette saison, les auteurs savaient qu'ils voulaient que le « méchant » dans l'histoire soit Marie. Laura a joué de manière convaincante tant l'innocente fiancée que la terroriste sans cœur.

MARIE WARNER

La dualité de ce personnage est fascinante. Sur cette image, on voit Laura Harris qui joue le rôle de Marie Warner, la sœur du coup de cœur de Jack Bauer. Il semble très improbable qu'elle soit une scélérate. La saison s'ouvre sur ses préparatifs de mariage ; elle semble innocente – comme une fille gâtée de la Vallée californienne le jour de son mariage. La surprise, bien sûr, c'est qu'elle est en fait une tueuse et une terroriste insensible. Elle fait en réalité partie des personnages diaboliques, comme on peut le voir lorsque Jack l'interroge plus tard dans la saison. Ce qui est vraiment intéressant, c'est que les auteurs et les producteurs savaient que son personnage allait se révéler être une terroriste sous couverture, mais que Laura, elle, ne le savait pas.

Nous lui avons intentionnellement caché ce secret parce que nous avons eu peur que son personnage perde un peu de l'innocence qui faisait partie de sa couverture. En fait, peu de gens le savaient, jusqu'à ce que nous ayons commencé à filmer sa transformation en Marie diabolique. Quand nous lui avons enfin dit, elle était extatique. Elle est allée ce week-end-là sur un champ de tir, là où notre accessoiriste lui a appris à utiliser des armes à feu. Nous lui avons désigné un nouveau look – à gauche, vous pouvez la voir avec une perruque brun foncé – et c'était très efficace. Laura a réalisé un travail fantastique avec sa transformation. Elle nous a été d'une aide précieuse dans un jeu que nous aimons beaucoup : surprendre le spectateur.

21:00 – 22:00 / AÉROPORT
Ci-dessus : Kate Warner (Sarah Wynter) dit à son père que sa sœur Marie est engagée avec les terroristes qui planifient l'explosion d'une bombe nucléaire.

6:00 – 7:00 / MAISON MATHESON
En haut à gauche : Kate Warner (Sarah Wynter) trouve Kim Bauer dans la maison Matheson.

7:00 – 8:00 / CENTRE-VILLE LOS ANGELES
En bas tout à gauche : Sarah et Billy Burke partagent un sourire tandis qu'ils attendent de tourner une scène dans le centre-ville de Los Angeles.

12:00 – 13:00 / MAISON WARNER
En bas à gauche : Kate sort d'une voiture en face de la maison Warner pendant qu'Isabelle prend une photo.

KATE WARNER

Kate Warner (Sarah Wynter), lors d'une tentative de rapprochement sentimental avec Jack. Ils se sont rencontrés pendant la journée et le courant est tout de suite passé entre eux. Mais évidemment, étant donné les événements, leur histoire n'a pas abouti. C'est à ce moment que nous avons réalisé que nous ne pouvions pas placer Jack dans des situations romantiques, à moins que nous n'ayons d'abord établi une relation préexistant à la journée en cours.

JACK ET NINA

Nina Myers (Sarah Clarke) est sans aucun doute celle qui suscite le plus un désir de vengeance chez Jack Bauer : dans la saison deux, il réussit enfin à mettre la main sur cette femme qui a tué son épouse. Cependant, naturellement, sa soif de vengeance devra attendre puisque Nina possède l'information dont la CAT a besoin pour prévenir une attaque nucléaire terroriste massive. Sur la photo ci-dessous, Jack regarde Nina sur un moniteur, alors que celle-ci l'attend dans la salle d'interrogatoire de la CAT. Le moment où les deux personnages semblent se regarder à travers la caméra de surveillance est d'une intensité dramatique rare. La barre noire que vous voyez sur l'écran télévisé est là parce que la vidéo et l'image n'étaient pas synchronisées. Toutefois, on pourrait croire que Jack et Nina sont réellement face-à-face. Vous remarquerez peut-être aussi que cette prise a l'air très différente des autres que vous verrez dans la CAT, à cause de la ligne blanche qui pénètre dans la pièce par le haut. Cet éclairage est dû à une bombe terroriste qui a endommagé le bâtiment et a causé un trou dans le plafond de la CAT. Cela nous a donné la possibilité de changer l'éclairage dans la chambre et de donner à la CAT un look totalement nouveau. On a utilisé le scénario du bombardement à notre avantage en bouclant des scènes directement en dessous de cette chaude lumière blanche. De cette manière, nous avons pu augmenter la portée dramatique des scènes dans la CAT.

15:00 – 16:00 / AVION
Jack escorte Nina Myers à sa place. Ils prennent un vol en direction de Visalia pour traquer un des chefs de Nina.

15:00 – 16:00 / À L'EXTÉRIEUR DE « CRESCENT COLLECTIBLES »
Jack emmène Nina Myers à Visalia pour trouver plus d'informations sur la bombe nucléaire.

L'HEUREUX COUPLE

Sarah Clarke et Xander Berkeley, qui a joué George Mason, ont demandé à Rodney Charters de prendre cette photo. Le cliché est drôle parce qu'elle porte des chaînes et lui des menottes, ce qui avait toutes sortes de significations pour eux puisqu'ils s'étaient mariés peu de temps avant que cette photo soit prise. Sarah et Xander ont commencé à se côtoyer après s'être rencontrés sur le plateau pendant la première saison de la série et, au moment où on a ramené son personnage, Nina, dans la deuxième saison, ils étaient déjà mariés !

19:43:06

16:00 – 17:00 / LA FORÊT NATIONALE DE LOS ANGELES
Nina Myers (Sarah Clarke) après que l'avion se soit écrasé.

CHEVEUX/MAQUILLAGE

La maquilleuse Ania Harasimak fait les dernières retouches sur le maquillage de Kiefer avant qu'il tourne une scène. Ceci sera sa dernière chance de travailler sur lui avant que la caméra tourne et que le monde puisse le voir. Ania a été maquilleuse personnelle de Kiefer pendant les cinq saisons de *24h Chrono*, même si elle a également travaillé sur d'autres membres de la distribution. Remarquez que, du coin de l'œil, Kiefer m'a aperçu en train de prendre cette photo : il me fait un petit sourire.

19:20:01

DES AIDES PRÉSIDENTIELLES

Ces deux clichés immortalisent le conseiller présidentiel Mike Novick (Jude Ciccolella) et Michelle Forbes alias Lynne Kresge : l'un dans leur rôle (ci-dessus) et l'autre entre deux prises (à gauche). À la fin de la saison cinq, Novick faisait encore partie de la série, malheureusement, le personnage de Lynne plus. Les intrigues présidentielles sont toujours très sérieuses, il est donc fort agréable de voir ces acteurs sourire.

BRAVO

Kiefer se prépare à tourner une scène dans laquelle il doit sauter en parachute d'un avion qui va s'écraser et qui transporte une bombe nucléaire. Normalement, que ce soit dans ou en dehors de la série, on voit rarement Kiefer en train de porter un chapeau ou un casque. Mais il devait ressembler au cascadeur qui, lui, insistait pour en porter un. Jay Herron, un de nos cadreurs, a convaincu Kiefer de prendre cette pose comique, une cigarette aux lèvres.

22:00 – 23:00 / L'AVION AU-DESSUS DU DÉSERT
« Travailler avec Kiefer Sutherland (Jack Bauer) est vraiment une expérience unique. Je vois Kiefer comme un professionnel engagé qui admire et respecte l'art cinématographique et les artistes. Ici, il est habillé d'une salopette et d'un parachute, ce qui gardera Jack Bauer en sécurité pendant que George Mason (Xander Berkeley) mène l'avion vers sa destination finale, au-dessus du désert. Kiefer allège le caractère dramatique de cette scène en mettant les pouces en l'air, entre deux prises. »
– Jay Horron

6:00 – 7:00 / MAISON MATHESON
Ci-dessus : Kim Bauer se défend dans la maison Matheson.

9:00 – 10:00 / UNE RUE DE LOS ANGELES
À gauche : Kim Bauer (Elisha Cuthbert) jette un œil vers la caméra.

À droite : La caméra-B filme Kim et un cascadeur.

LE COLISÉE DE LOS ANGELES : L'INS-TALLATION

Ces clichés ont été pris lors d'un tournage au Colisée de Los Angeles – le lieu ou se déroule la confrontation qui clôture la saison deux. Nous n'avons pas souvent l'occasion de filmer des sites importants et cela s'est avéré être un défi, surtout parce qu'un hélicoptère volait au-dessus de nous.

7:00 – 8:00 / Colisée de Los Angeles
Ci-contre au-dessus : Carlos Bernard sur le plateau. Il est présent afin de donner la réplique à Kiefer.

Ci-contre en bas à gauche : Jon Cassar, Guy Skinner, Jay Herron et Kiefer Sutherland entre des prises du dernier épisode de la saison deux. C'est durant celui-ci que Jack ressent des douleurs à la poitrine et s'arrête lorsque Kingsley (Tobin Bell, n'apparaît pas sur la photo) s'approche pour le tuer.

Ci-contre en bas à droite : le réalisateur Jon Cassar explique à l'acteur Tobin Bell et à son cascadeur le déroulement de leur course.

SAISON 3

18:59:01

CONCENTRATION

Kiefer se prépare vraiment pour chaque scène et veut être dans le bon état d'esprit avant qu'un réalisateur dise « action ». Sur cette image, il est en pleine concentration, il se prépare pour une scène en repassant chacune des séquences dans sa tête. Son but est de trouver Jack Bauer et d'entrer dans l'esprit de Jack pour être prêt au moment de l'action.

18:52:07

LE DISCOURS MILITAIRE

Cette photo a été prise quand Kiefer était en train de tourner un discours public pour l'armée américaine. Nous coopérons de manière régulière avec chaque branche de l'armée : elle nous a aidés pour tant d'épisodes que nous avons décidé de lui rendre la faveur. Nous avons tourné cette scène d'annonce à la station d'aviation navale, à Point Mugu, sur le tarmac rempli d'avions. Celui juste derrière Kiefer est un Tomcat F-14. Rodney Charters a réussi à prendre cette photo alors que Kiefer se préparait à formuler ses répliques et on peut voir que le cliché a été tiré au moment où un jet décollait derrière l'épaule de Kiefer, alors que le soleil se couchait.

18:49:50

LÈVRE SUPÉRIEURE RAIDE

Cette image immortalise Jack dans le dernier épisode de la saison trois. On ne le remarque pas, mais en fait Kiefer « joue en souffrance ». Il avait eu un accident peu avant que cette scène soit tournée – il a trébuché sur les escaliers en rentrant dans sa roulotte et s'est tordu la cheville au point de devoir porter un plâtre. Dans l'épisode, il devait courir après un tas d'ennemis autour d'un bâtiment, alors nous avons peint son plâtre en noir et l'avons recouvert d'une botte spéciale dessinée pour ressembler exactement à une chaussure. Nous avons tourné la scène pour qu'on ne voie pas ses pieds plus d'une milliseconde. En effet, si on avait pu les voir plus longtemps, on aurait remarqué qu'un d'entre eux est deux fois plus volumineux que l'autre. Kiefer devait quand même courir pour la scène, alors il a spécialement créé une « course boiteuse ». Si un jour vous voyez l'épisode en DVD, faites un arrêt sur image pour apercevoir son plâtre.

12:00 – 13:00 / ÉCOLE

Au-dessus : Dans le dernier épisode de la saison trois, Jack Bauer (Kiefer Sutherland) ratisse les couloirs de l'école en cherchant Rabens (Salvator Xuereb) et le virus.

18:41:37

5:00 – 6:00 / ÉCOLE
En bas à gauche : Kiefer Sutherland et James Badge Dale répètent une scène durant laquelle leurs personnages, Jack et Chase, traquent Rabens (Salvator Xuereb).

18:36:41

L'EXÉCUTION DE CHAPPELLE

Dans cet ouvrage, vous découvrez des photos sublimes d'endroits séduisants, des couchers de soleil magnifiques et des lieux exotiques. Mais la plupart des lieux de tournage sont beaucoup plus ternes : des dépôts de gares, des zones industrielles, des autoroutes et des garages. Sur ce cliché, Kiefer tue le temps avant de tourner la célèbre scène durant laquelle Jack Bauer est forcé de tuer le superviseur de la CAT de la Division, Ryan Chappelle, afin d'éviter une attaque terroriste. Bien que le métier d'acteur semble cool, il n'est pas toujours très glamour. Les gens pensent que travailler dans le monde de la télé est séduisant, et peut-être que ça l'est quand on va à des cérémonies de remise de prix, mais la plupart du temps, ce que vous voyez ici ressemble aux endroits où nous travaillons.

6:00 – 7:00 / DÉPÔT DE TRAIN, CENTRE-VILLE LOS ANGELES

Cette photo rappelle un moment important : elle précède le tournage de ce qui a probablement été la scène la plus choquante dans l'histoire de 24h Chrono – la scène au cours de laquelle Jack Bauer exécute son patron, Ryan Chappelle (Paul Schulze), de manière à prévenir une attaque terroriste massive. Kiefer et Paul sont engagés dans une discussion passionnée pour savoir comment jouer la scène. C'était un moment incroyable et ce dont je suis le plus fier, c'est de la construction du personnage de Chappelle : bravo à nos auteurs et nos acteurs. Nous l'avions présenté comme un superviseur antipathique, un parmi d'autres à la CAT. Mais au moment où l'intrigue avait atteint ce point, d'une certaine manière, le spectateur s'est retrouvé à supplier Jack de ne pas appuyer sur la gâchette.

18:27:04

DANS LES YEUX

Le personnage de Carlos, Tony, a fini par avoir un nombre incroyable de fans. Carlos me regardait directement lorsque je prenais la photo. Notez le bandage sur son cou, qui date du moment où son personnage s'est fait tirer dessus dans la saison trois. Carlos est amusant et nous sommes devenus de très bons amis lors de son passage à *24h Chrono*.

L'ATTAQUE DE JACK

Ce cliché de Kiefer Sutherland dans le rôle de Jack Bauer a été utilisé pour la couverture du magazine *American Cinematographer* en raison d'un reportage au sujet de notre remarquable réalisateur, Rodney Charters. Celui-ci a tiré cette photo qui illustre parfaitement Jack Bauer en action.

AGENT DE TERRAIN

Reiko Aylesworth était très heureuse lorsque son personnage a pu se rendre sur le terrain et prendre part à l'action. Ici, elle reçoit des instructions de notre assistant accessoires, Michael Pat Lugar, concernant l'utilisation d'armes à feu. Leur reflet sur la camionnette crée un bel effet. Reiko a vraiment apprécié cette partie du scénario – beaucoup des acteurs de notre série, dont le personnage est souvent assis derrière un bureau, nous embêtent constamment pour faire partie de l'action et porter une arme. Reiko n'était pas une exception.

MICHELLE DESSLER

Ce sont de belles photos de Reiko Aylesworth dans son rôle Michelle Dessler. Voyez comme c'est fascinant cette lumière qui entoure son visage. Entre les prises, elle sourit toujours. C'est une chance de pouvoir observer ce genre de clichés. En effet, sur les photos destinées à la publicité, les acteurs ne peuvent pas sourire – ils doivent être dans la peau de leur personnage.

0:00 – 1:00 / CAT
Michelle Dessler, interprétée par Reiko Aylesworth.

L'ANNIVERSAIRE DE JON

Puisque notre équipe compte plus de 200 personnes, presque tous les jours, quelqu'un fête son anniversaire, et nous avons une tradition *24h Chrono* qui dit que le jour de l'anniversaire de quelqu'un, nous lui offrons un gâteau sur le plateau. Cette fois-ci, c'était mon tour. Ils ont arrêté le tournage pendant quelques temps pour m'apporter un gâteau. Toutefois, Alicia Bien, Michael Pat Lugar et Kiefer avaient une surprise pour moi. Ils savaient que je suis un grand fan de hockey et ils se sont arrangés pour que chacun des membres de l'équipe des Toronto Maple Leafs signe une vareuse pour moi. C'est l'un des plus beaux cadeaux qu'on m'ait jamais fait et, en ce moment même, il est encadré et accroché sur les murs de mon bureau. Les deux Canadiens, Kiefer et moi, ainsi que quelques autres gars, parlions beaucoup de hockey sur le plateau, surtout pendant la période des matchs de barrage. Pendant ces matchs de série éliminatoire, on avait toujours un écran en plus sur le plateau – deux qui diffusent la scène que l'on tourne et le troisième qui montre le match (le volume éteint, évidemment). Avec le hockey, nous avons réussi à éveiller la curiosité d'autres membres de l'équipe.

12:00 – 13:00
Jon Cassar, grand fan des Toronto Maple Leafs, reçoit une vareuse signée pour son anniversaire.

17:38:041

7:00 – 8:00 / BIBLIOTHÈQUE DE L'UNIVERSITÉ DE SANTA BARBARA
En face : portant une perruque foncée et maniant une arme, Kim (Elisha Cuthbert) est sous couverture, elle se fait passer pour la fille de Stephen Saunders (Paul Blackthorne).

17:30:11

7:00 – 8:00 / BIBLIOTHÈQUE DE L'UNIVERSITÉ DE SANTA BARBARA
Elisha Cuthbert (Kim Bauer). En bas à gauche, avec Rodney Charters.

17:28:10

17:21:57

LE PERSONNEL DE PRODUCTION AU COMPLET

Ingénieux, Rodney Charters a rassemblé une série de photos pour créer ce panorama de 360 degrés de l'équipe, de la distribution, du personnel de bureau et des producteurs de la saison trois. Certains des gars avaient décidé de s'amuser et ont changé de place à chaque prise pour être sûrs d'apparaître sur chacune des photos qui seraient éditées ensemble. Si vous regardez de plus près, vous verrez qu'ils apparaissent plusieurs fois sur cette image.

17:19:46

CHLOE O'BRIAN

Cette image montre Mary Lynn Rajskub lors de son premier jour en tant que Chloe O'Brian. Celle-ci est devenue un personnage incroyablement populaire. Sur cette photo, Mary Lynn m'a donné ce sourire de travers, en plaisantant – après tout, elle est une excellente comédienne. Je n'oublierai jamais ce premier jour : elle jouait une scène avec Kiefer et son personnage la « bouffait » littéralement. Malgré sa formation de comédienne, je ne pense pas qu'elle était prête pour une telle intensité. Il a fallu qu'elle s'habitue un peu, mais elle s'est intégrée assez rapidement. Au fait, le mérite du casting de Mary Lynn pour le rôle de Chloe revient à Joel Surnow. Il a vraiment le coup œil lorsqu'il s'agit de choisir une distribution originale. Il l'a amenée pour un entretien après l'avoir vue dans *Punch-Drunk Love* avec Adam Sandler. C'était la seule fois – que je sache – qu'il a engagé quelqu'un sur le coup, dès qu'il l'a rencontrée, sans même lui avoir d'abord demandé de lire pour nous. Quand il lui a dit qu'elle avait le rôle, elle a demandé : « Ne voulez-vous pas en parler ? » Il a répondu : « Je ne veux pas parler, vous avez le rôle. »

L'électricien du plateau, Christopher Whitman, parle avec Mary Lynn Rajskub, qui passe un peu de temps sur le plateau entre des prises de la saison cinq.

17:06:59

CHASE EDMUNDS

Dans la saison trois, James Badge Dale jouait Chase Edmunds, un personnage qui est, en quelque sorte, un jeune Bauer, amoureux de la fille de ce dernier, Kim. J'aime cette photographie à cause de son air macho – il prévoit d'entrer après Jack, seul, rejetant le renfort de la Swat Team de la CAT et prévoyant aussi une attaque. C'est un cliché magnifique d'un véritable héros. Dans la photo de droite, Badge est assis, plongé dans ses pensées les plus intimes, contemplant sa prochaine scène. Remarquez à quel point son visage est amoché : son personnage a été assez bien abîmé au Mexique. Nous parlons toujours de ramener Badge dans la série – c'est un acteur génial. Le tout étant de trouver une trame qui le permette. Chase est un personnage qui est parvenu à survivre aux stylos meurtriers de nos auteurs, alors qui sait ? Nous pourrions le revoir.

FUMOIR

Une des habitudes que notre personnel d'écriture a développée au cours des années, c'est celle de fumer des cigares pour se détendre. Cela s'est par la suite traduit en véritable salon à cigares, où les auteurs et d'autres membres de l'équipe et de la distribution vont pour se détendre, se relâcher, rire et échanger des idées à propos de la série. Il règne dans cet endroit une atmosphère conviviale, amusante, sociale, et toute personne qui aime fumer le cigare s'est retrouvée là à un moment ou à un autre.

CLAUDIA

Dans la saison trois, Jack s'était investi dans une relation avec le personnage de Claudia, joué par Vanessa Ferlito, une relation qui avait commencé quand il travaillait sous couverture. C'était une histoire dangereuse parce qu'elle était la petite amie d'un trafiquant de drogue, mais l'alchimie entre eux était forte. Vanessa est absolument magnifique et elle a incontestablement ajouté beaucoup de passion à la série. Son personnage nous plaisait énormément et nous aurions aimé qu'elle tourne un nombre plus important d'épisodes. Cependant, en raison d'un long métrage, elle a dû nous quitter. Nous avons alors fait mourir son personnage, mais nous étions tous très tristes de la voir partir.

16:52:53

NINA MYERS: LA MÉCHANTE DAME

Le pire cauchemar de Jack Bauer n'est autre que Nina Myers. Elle était brillamment jouée par Sarah Clarke jusqu'à ce que Jack l'achève enfin pendant la saison trois. Sarah a rendu le personnage délicieusement diabolique – sans aucun doute le personnage le plus détesté dans l'histoire de *24h Chrono*.

SUR LA PLAGE À MALIBU

Notre histoire nous a menés à Malibu, où nous nous sommes préparés à tourner les événements menant au meurtre de Sherry Palmer. Le gentilhomme derrière moi, qui porte la chemise rouge, est Zoli « Sid » Hajdu, notre machiniste. C'était un petit plaisir pour nous de tourner à Malibu ce jour-là, puisque d'habitude nos prises de vue en extérieur se déroulent dans des dépôts de gares ou de sombres et sales allées. Dans ce cas-ci, toutefois, notre équipe a complètement tiré avantage de l'endroit – beaucoup sont allés surfer ou ont déjeuné sur la plage pendant la journée. Ça a été une prise géniale, mais malheureusement, si on s'en réfère aux statistiques, nous ne pourrons pas retourner à la plage prochainement. En fait, en y repensant, il s'agit peut-être de la seule scène que nous aurons jamais tournée à la plage, même si notre série est filmée dans la zone la plus agréable de Los Angeles. Penny Johnson Jerald tenait à merveille le rôle de Sherry Palmer, la femme hypocrite et égoïste du Président.

MICHAEL KLICK

Le premier assistant du réalisateur, Michael Klick, vérifie l'heure – il aide le réalisateur à « rentabiliser la journée » en s'assurant qu'il n'y ait pas de temps perdu sur le plateau. Le deuxième assistant du réalisateur, Mark Rabinowitz, regarde au loin. Michael est un bon exemple de la chance que nous avons eue avec nos collaborateurs : ils ont travaillé dur, ils ont participé à la série pendant longtemps et ils ont pu monter de grade au cours des années. Michael a commencé chez *24h Chrono* en tant que premier assistant du réalisateur. Il est maintenant producteur : c'est un saut énorme et il fait un travail étonnant. Beaucoup de gens montent de niveau ici. C'est parce que nous avons des gens incroyablement talentueux dans notre équipe et aussi parce que nous avons été chanceux d'avoir été diffusés si longtemps, de façon à pouvoir promouvoir des gens. Beaucoup de séries vont et viennent et il est rare que les membres d'une équipe aient une telle opportunité.

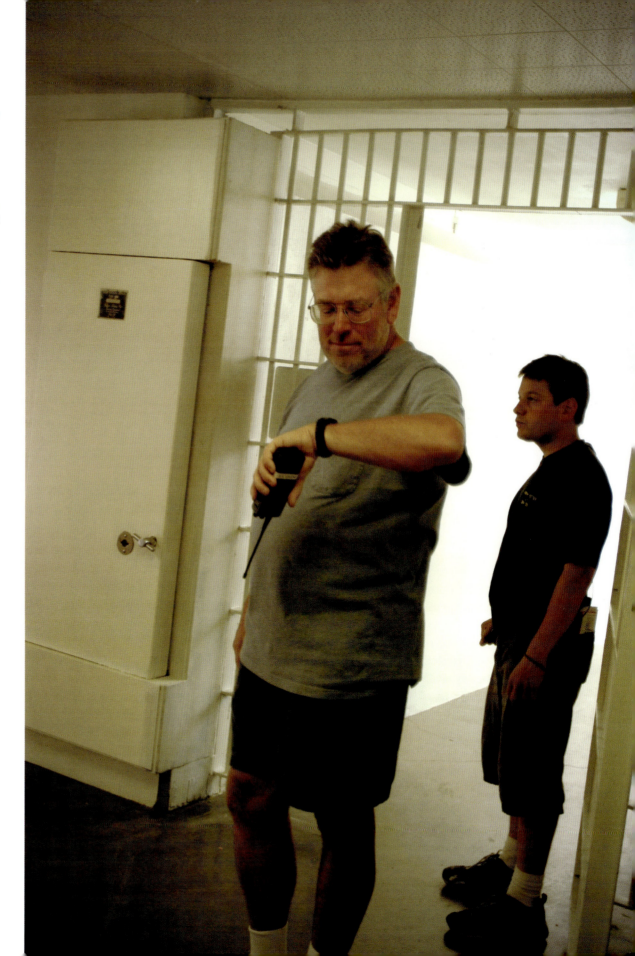

16:48:30

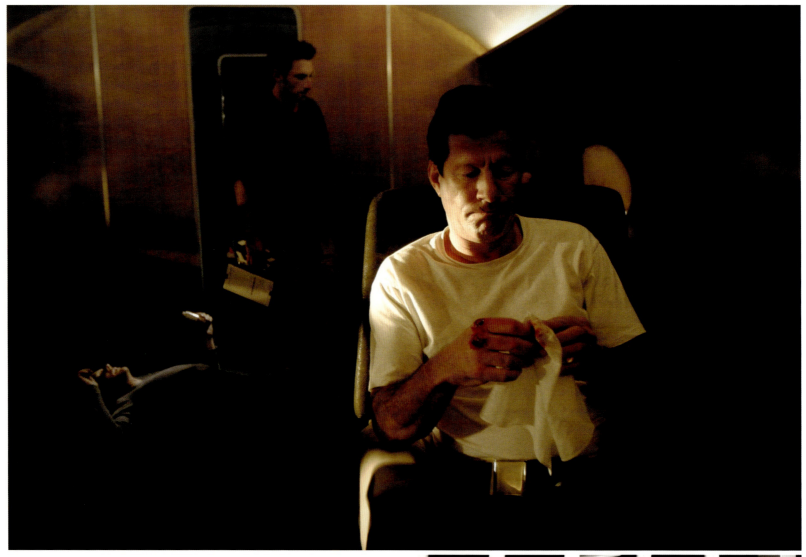

RAMON SALAZAR

Sur la droite, on voit un cliché de Joaquim de Almeida, interprétant le criminel mexicain, Ramon Salazar, dans sa cellule de prison. Jack Bauer lui permet de s'évader, il le fait dans le but de s'infiltrer dans l'organisation de Salazar. Nous avons tourné cette scène dans une vraie prison – une ancienne prison pour femmes – et nous avons découvert que si l'on ferme la porte d'une cellule, dans une vraie prison, les acteurs jouent leur rôle très efficacement. En effet, ils veulent en sortir le plus vite possible. Sur la photographie ci-dessus, Salazar s'échappe à bord un avion. Ce cliché a été tiré entre les prises et, si vous regardez de plus près, vous verrez Kiefer sur le sol, ligoté pour la scène à venir.

16:39:12

14:00 – 15:00 / Ranch de Salazar, Mexique
Hector Salazar, interprété par Vincent Laresca.

16:28:54

Kiefer Sutherland (Jack Bauer), quelques instants avant que la caméra tourne.

16:19:45

10:00 – 11:00 / LA RIVIÈRE DE LOS ANGELES
C'est toujours mémorable de tourner sur la rivière de Los Angeles. Comme on le voit sur l'image ci-dessus, notre talentueux département des effets spéciaux, dirigé par Stan Blackwell et son frère, Scott, avait créé un effet de feu pour montrer que cet hélicoptère, qui était supposé mettre Stephen Saunders (Paul Blackthorne) en sécurité, a été abattu par deux F-14 militaires qui volaient en réserve pour Jack Bauer (Kiefer Sutherland).

16:11:20

15:00 – 16:00 / L'APPARTEMENT DE KYLE SINGER
Dans sa combinaison anti-virus, Kiefer Sutherland (Jack Bauer) tente de se calmer.

19:00 – 20:00 / LE JET PRIVÉ DE SALAZAR
Le captif épie Jack Bauer (Kiefer Sutherland) par la fenêtre du jet privé.

16:05:08

LES IDÉES NE CESSENT JAMAIS DE SURGIR

Ci-dessus : Tandis qu'ils se dirigent vers leurs voitures, les producteurs exécutifs, Joel Surnow et Howard Gordon, s'arrêtent encore pour discuter d'une autre trame possible.

13:00 – 14:00 / LE CAMPUS DE L'UNIVERSITÉ DE CALIFORNIE DU SUD
DB Woodside, qui joue Wayne Palmer, le frère et conseiller du Président Palmer (Dennis Haysbert), révise le script.

16:00:02

TONY EN ACTION

Cette photo immortalise Tony (Carlos Bernard) au cours d'une scène d'action. Cette fois, il essaye de sauver sa femme, Michelle, du terroriste Stephen Saunders (Paul Blackthorne) quand l'enfer tout entier se déchaîne. C'était amusant de sortir Tony de la CAT et de l'emmener sur le terrain. Il était sensationnel à regarder ; lui et Jack formaient une équipe remarquable.

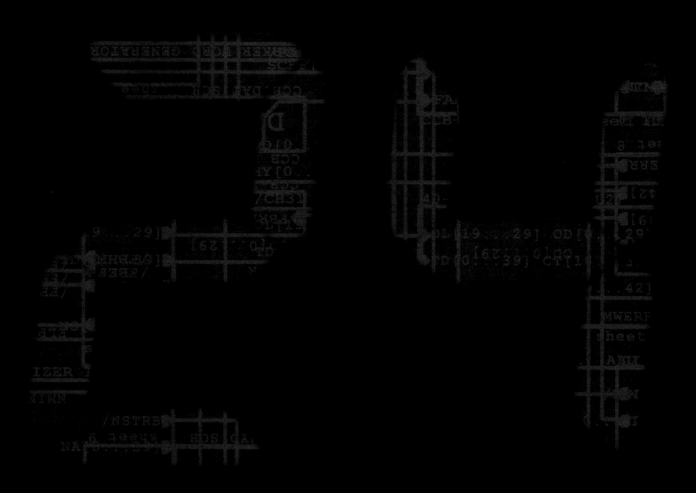

SAISON 4

15:59:01

LA NOUVELLE ÉQUIPE

Encore un moment intéressant dans l'histoire de *24h Chrono* – un cliché pris pendant la réalisation d'une scène clé de la saison quatre. Je l'appelle « The Mod Squad » parce qu'elle me rappelle la façon dont les trois personnages de cette série classique ont été filmés. La photo vient de la scène dans laquelle Jack Bauer et Audrey Raines (Kim Raver) sont sauvés par Tony Almeida (Carlos Bernard), au moment où tout espoir semble perdu et où une mort certaine les attend. C'était un grand moment parce que c'est ainsi que nous avons ramené le très célèbre personnage de Tony au sein de la trame. Avant cette scène, Tony était sur le fauteuil, il regardait le sport à la télé et buvait une bière. Mais lorsque soudain Jack l'a appelé, il s'est levé d'un bond, est sorti et a sauvé la journée. Les fans ont adoré.

6:00 – 7:00 / LE BUNKER PRÉSIDENTIEL
Guy Skinner est notre opérateur de caméra-A. Il est en train de filmer Dennis Haysbert dans le rôle de David Palmer pendant une scène où il rencontre le Président Logan. Regardez le sol : même si Dennis est assis, on peut encore voir la distance à parcourir à cause de sa taille. Guy tourne avec une caméra portable, ce qui fait que filmer Dennis au niveau de la tête est difficile en raison de la grande différence de taille entre Dennis et le cameraman. Nous avons utilisé des caisses de pommes, une large bande adhésive toilée et des vis pour construire une scène improvisée afin que Guy s'y tienne debout tout en filmant au-dessus de l'épaule de Dennis.

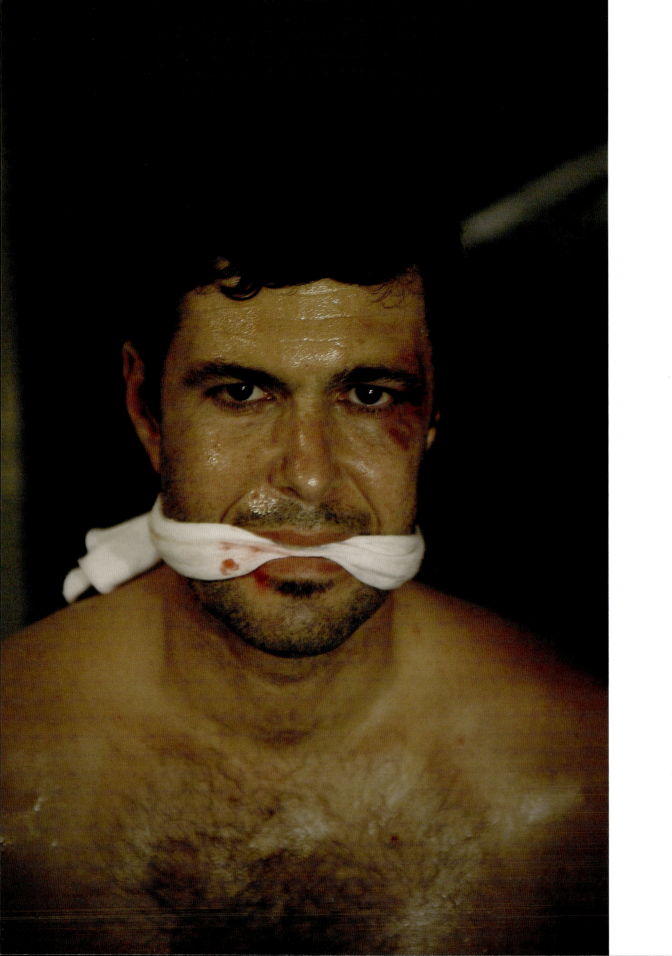

15:42:10

Ces images ont toutes été prises pour être utilisées dans la série.

Tout à gauche : cette photographie de Tony a été envoyée par Mandy sur le téléphone de Michelle.

À gauche : un cliché de Michelle Dessler (Reiko Aylesworth) à la CAT. Nous avions besoin que Mandy voie une photo de Michelle dans le journal, alors nous avons tiré celle-ci, l'avons taillée, dégradée et placée dans un journal bidon.

Au-dessus : pour cette même trame, nous avons aussi fabriqué une photo que Mandy trouverait dans le portefeuille de Tony ; c'est la manière dont elle a découvert que Tony avait une relation avec Michelle. Alors que nous n'avons jamais montré cette photo dans le dernier épisode, nous avons montré Mandy en train de la regarder. Toutefois, pour être le plus réaliste possible, j'avais pris les deux acteurs hors du plateau, je les avais habillés de vêtements différents, j'avais changé les cheveux de Reiko et j'avais pris quelques photos à mettre dans le portefeuille de Tony.

15:36:18

LA PROFONDEUR DE CHAMP

L'actrice Reiko Aylesworth est surtout connue pour son rôle d'épouse de Tony Almeida (Carlos Bernard). Remarquez la taille et la profondeur de notre plateau CAT qui s'étend derrière les deux acteurs en avant-plan. Dans la série, on n'utilise pas beaucoup de larges prises comme celle-ci. Ici, on peut voir le périmètre impressionnant du plateau, conçu par Joseph Hodges, notre décorateur de production, et mis en lumière par Rodney Charters, notre directeur de photographie.

EDGAR STILES

Louis Lombardi et Reiko Aylesworth posent pour ce cliché. Lombardi joue Edgar Stiles, encore un personnage inhabituel aimé par nos fans, c'est aussi un très bon choix de casting de Joel Surnow. Nous avons d'ailleurs reçu beaucoup de courriels furibonds quand son personnage est mort pendant l'attaque de la CAT au gaz innervant. J'ai toujours un bleu sur mon bras qui date du moment où ma femme m'a frappé après que nous ayons tué Edgar. C'est une vraie fan. Comme elle ne vient pas sur le plateau et ne lit pas les scripts, elle a été aussi surprise que les autres. C'est une des choses magnifiques de notre série : aucun personnage n'est en sécurité.

8:00 – 9:00 / CAT

À droite : Mary Lynn Rajskub (Chloe O'Brian) et Louis Lombardi (Edgar Stiles) travaillent avec l'équipe caméra pour qu'ils trouvent leurs marques de mise au point.

15:12:08

SECRÉTAIRE DE LA DÉFENSE JAMES HELLER : FUSILLADE

Voici William Devane, qui joue le secrétaire de la défense, James Heller, juste après que son personnage ait été sauvé par Jack Bauer. Ici, lui et Kiefer papotent entre les prises. William a fait un travail tellement impressionnant avec nous que nous l'avons repris dans la saison cinq. Cela fait partie des spécificités de *24h Chrono* : ramener des personnages au moment où les téléspectateurs s'y attendent le moins. William possède la particularité d'avoir travaillé et avec Kiefer et avec son père, Donald Sutherland, avec lequel il était à l'affiche dans le film de Clint Eastwood *Space Cowboys*. Remarquez le bandage sur la main gauche de Kiefer. Il s'était coupé le petit doigt tandis qu'il faisait ses propres cascades, mais il l'avait enveloppé et était retourné directement au boulot.

14:59:00

12:00 – 13:00 / GROUPEMENT TERRORISTE
Les impacts de balles sur cette voiture, dans la scène de fusillade où Jack Bauer sauve le secrétaire de défense Heller et sa fille, Audrey Raines, de terroristes, ont été très minutieusement calculés. J'ai dirigé l'épisode et je voulais que la voiture explose dans un style « Bonnie and Clyde ». L'équipe des effets spéciaux de Stan Blackwell a une fois encore fait ce qu'on attendait d'elle. Toutefois, les impacts ne sont pas dus à une arme à feu, ce qui aurait violé les standards de sécurité. Dans un film, on emploie souvent plusieurs voitures en fonction de leurs dommages. Mais, avec notre budget et notre emploi du temps, nous ne pouvions en avoir qu'une, alors nous avons dû utiliser une autre approche. Les différentes parties de la voiture comportent des dégâts différents. À un moment de la scène, une partie de la voiture est vue endommagée, ensuite une autre partie dans la prise suivante, et ainsi de suite. Pour réaliser les impacts de balles, notre équipe d'effets spéciaux a foré de petits trous dans la voiture métallisée et a placé du mastic explosif dans ceux-ci. Elle a ensuite plâtré les orifices et les a recouverts de peinture. Enfin, plus tard, pendant que nous filmions, elle a fait sauter les explosifs par étapes. C'est très efficace, comme vous le constatez. Voyez tous les terroristes morts, au sol, et notre assistant caméra, Eric Guérin : accompagné de son fidèle mètre, il aligne les prises de caméra pour s'assurer que la prise de vue soit précise.

14:47:16

CURTIS MANNING

Roger Cross, dans le rôle de Curtis Manning, conduit alors qu'il parle au téléphone. Vive les portables ! Ils ont permis aux auteurs de créer des scènes pour des personnages qui sont constamment en transit de et vers la CAT, leur permettant ainsi de rester impliqués dans l'histoire.

MANDY

Mia Kirshner a joué l'assassin de sang-froid, Mandy, dans plusieurs épisodes ; premièrement dans le pilote, et ensuite dans la saison deux, lorsqu'elle a essayé d'empoisonner le Président Palmer. Son personnage est, selon moi, intéressant parce que, même s'il est complètement diabolique, il est aussi le reflet d'une femme incroyablement forte. 24h Chrono a la réputation d'avoir ses premiers rôles remplis par des femmes fortes qui savent comment entrer en action. Mandy est une vraie dure à cuire et elle est devenue une des grandes favorites de la série. Elle a été graciée et a disparu dans la saison quatre. Réapparaîtra-t-elle un jour alors pour hanter Jack Bauer et la CAT ?

LA FAMILLE TERRORISTE

Nous avons eu de la chance de voir l'actrice Shohreh Aghdashloo, nominée aux Academy Awards, rejoindre notre distribution dans le rôle de Dina Araz – une femme, une mère et un membre clé d'une cellule souterraine à Los Angeles. Son fils, Behrooz, est joué par Jonathan Ahdout, qui a eu le même rôle dans le long métrage *House of Sand and Fog* – film pour lequel Shohreh a été nominée aux Oscars. Ici, elle attend simplement entre des prises pendant le tournage de la scène cruciale d'un interrogatoire. Sur la page ci-contre, on voit un magnifique portrait des deux acteurs – on dirait vraiment une mère et son fils – et je me souviens qu'ils étaient très contents de pouvoir retravailler ensemble. Je ne peux décrire à quel point Shohreh est une actrice merveilleuse ; elle a réellement réussi à apporter de la compassion à un personnage diabolique. C'était une tueuse. Toutefois, lorsqu'il s'agissait de son propre fils, elle était prête à faire n'importe quoi pour le protéger. Elle était capable d'exprimer de manière très convaincante cette dichotomie dans la psychologie de son personnage. Même si nous essayons de peindre les portraits de terroristes, nous n'avons pas beaucoup d'informations qui les décrivent vraiment. Si on veut jouer le rôle d'un médecin, on peut faire des recherches en allant voir et observer des médecins, mais on ne peut pas observer des terroristes. Nous voulions que ce personnage soit vrai et humain malgré sa volonté de faire du mal, et je pense que Shohreh a relevé ce défi de manière exceptionnelle.

6:00 – 7:00 / CAT

Les téléspectateurs demandent souvent ce qui est arrivé à Behrooz et, sur la photo de droite, on voit l'acteur Jonathan Ahdout sur le plateau, attendant de tourner une scène dans laquelle nous le ramenons à la CAT pour un interrogatoire. Nous avions vraiment filmé une scène qui le montre en train d'être ramené à la CAT, mais celle-ci a été coupée. En effet, comme c'est souvent le cas, l'épisode final devait mettre à un terme à un nombre important d'intrigues, alors nous avons dû couper la scène et les téléspectateurs n'ont jamais pu découvrir ce qui est arrivé à ce jeune homme. La vérité est que nous ne pouvons pas clôturer chaque intrigue – quelque chose doit toujours être laissé en suspens. À ses côtés, on voit sa vraie mère. Jonathan avait moins de 18 ans lorsque nous avons filmé et, selon la loi étatique, il devait avoir un surveillant avec lui sur le plateau : sa mère l'accompagnait.

14:11:49

JOEL SURNOW

Le co-créateur et génie de notre série, Joel Surnow, est entouré sur le plateau par (de gauche à droite) Dennis Haysbert, Reiko Aylesworth, Mary Lynn Rajskub et James Morrison.

VENTURA

Voici l'acteur Nestor Serrano, alias Navi Araz, le père de la famille terroriste. Puisqu'il faisait partie d'une cellule secrète, nous avons pensé qu'il serait intéressant de filmer sa scène dans un lieu américain très public, ouvert, traditionnel – un bar local, qui était, dans ce cas, un restaurant à Ventura (Californie). Nous l'avons choisi pour son côté rétro et, dans ce cliché-ci, nous avons ajouté un drapeau américain. L'idée était de rappeler à tout le monde que les terroristes pouvaient être là, sous notre nez, dans des lieux sécurisants de tous les jours. Dans l'épisode, peut-être ne voit-on le drapeau que pendant une seconde ou deux, mais c'est tout ce qu'il fallait pour faire ressortir notre raisonnement.

BARBECUE

Chaque année, j'organise un grand barbecue pour la distribution et l'équipe, et cette photo a été prise pendant une de ces fêtes. Je les aime vraiment parce que non seulement cela permet à tout le monde de s'amuser et de se détendre, mais aussi de rassembler des gens qui habituellement travaillent dans des départements différents et qui ne se voient pas beaucoup. Le deuxième en partant de la gauche, entre moi-même et Joel Surnow, par exemple, est notre brillant compositeur de musique, Sean Callery, dont les contributions sont essentielles à la série, mais qui ne travaille pas sur scène avec nous. Sean, Joel et moi avons travaillé ensemble par le passé, dans la série *La Femme Nikita*. Nous nous connaissons depuis très longtemps. Ce barbecue était détendu, rempli d'émotion pour nous tous.

Ci-dessus : Kiefer Sutherland passe un coup de fil pendant que sa fille, Sarah Sutherland, vient lui rendre visite sur le plateau.

6:00 – 7:00 / SUR LES RAILS

Ci-contre en dessous : l'équipe de 24h Chrono tourne la prise finale. Première rangée (g.-dr.) : Jon Cassar, Kiefer Sutherland (Jack Bauer), Isabella Vosmikova, Jay Herron, Bruce DeAragon. Deuxième rangée (g.-dr.) : Rodney Charters, Eric Guerin, Jon Sharpe, Zoli « Sid » Hajdu, Guy Skinner, Martha Cargill et Carlos Boiles.

SUR LES RAILS

Cette scène célèbre a été tournée sur des rails de train tout près de notre studio au sud de la Californie. C'est là où nous avons filmé la scène de la fin de la saison, lorsque Jack Bauer marche le long des rails. C'est une image célèbre de notre série, ce qui est ironique parce que c'était un peu un accident. Nous avions commencé la saison avec l'explosion d'un train et une séquence de crash et, à partir de cela, le département de promotion de la Fox venait tout juste de monter une affiche avec le visage de Jack, des rails et une explosion en arrière-plan. Pendant la création de l'épisode final de cette saison, la scène de la fin nécessitait que Jack se cache. À l'origine, il avait été écrit qu'il s'en irait tout simplement en conduisant une voiture. J'avais eu l'impression que c'était quelque chose que nous faisions tout le temps et, en pensant à cette affiche, l'image d'un trimardeur sur les rails m'est venue. J'ai suggéré d'en faire la dernière image de la saison. Alors nous avons scruté ces rails et nous y sommes allés pour calculer l'heure du coucher du soleil. La scène se passe normalement à l'aube, mais il est toujours difficile de tourner au petit matin parce que le soleil se lève extrêmement vite. Il est plus facile de tourner au crépuscule : nous avons mesuré la durée du coucher du soleil et nous nous sommes débrouillés pour avoir une magnifique luminosité. Après, nous y avons envoyé notre équipe, en priant qu'il ne fasse pas trop brumeux et que nous puissions avoir un coucher de soleil parfait. Nous avons eu la prise, grâce à la petite équipe caméra que nous avons envoyée – ils figurent tous dans la photo de groupe.

16:00 – 17:00 / LA CACHETTE DE MARWAN
Habib Marwan interprété par Arnold Vosloo.

6:00 – 7:00 / SUR UN TOIT DE LOS ANGELES
Dans les interviews, Arnold Vosloo a dit qu'il basait son personnage, Marwan, sur l'impression laissée par une photo du cerveau des attentats du 11 septembre, Mohammad Atta. Arnold a senti que le visage d'Atta transmettait un engagement complet envers sa cause. Dans le rôle de Marwan, Arnold tente d'exprimer, par les traits de son visage, le même genre d'engagement.

13:00 – 14:00 / CAT
À gauche : Kim Raver (Audrey Raines) change de vêtements. C'est dans la nature de notre série de refléter le temps réel, ce qui signifie que les acteurs peuvent porter la même toilette tout au long de la saison. Ici, Audrey porte un nouvel ensemble avant qu'elle et Jack (Kiefer Sutherland) aillent à la Sécurité Felsted.

12:00 – 13:00 / CACHETTE TERRORISTE
Ci-dessus : Kim Raver (Audrey Raines) se repose entre des prises.

13:21:54

20:00 – 21:00 / QUARTIER TERRORISTE
Audrey Raines (Kim Raver) attend seule dans la cellule, se demandant où est son père.

13:14:21

PAYSAGE NOCTURNE DE LOS ANGELES

Cette image vient du dernier épisode de la saison – prise du haut d'une structure de parking d'où l'on obtient une vue de nuit spectaculaire de la ville de Los Angeles. Ce qui est particulièrement intéressant dans cette séquence, c'est que pour la première fois dans l'histoire de *24h Chrono*, nous avons saisi ces images en utilisant des appareils numériques de haute définition. L'industrie en général commence à utiliser ce genre d'appareils pour toutes sortes d'applications, mais le look de notre série requiert encore que nous tournions avant tout avec une pellicule de 35 mm. Dans ce cas, cependant, nous voulions une séquence dans laquelle on pouvait voir la lueur chatoyante des lumières de la ville, alors nous avons fait des tests qui nous ont convaincus que nous pouvions filmer cette scène en haute définition et saisir le même type d'ambiance que celle que le réalisateur Michael Mann a obtenu dans son film *Collateral* (filmé entièrement avec des caméras numériques). La séquence ressemblait exactement à ce que l'on espérait. Toutefois, il est encore trop tôt pour que nous nous engagions à filmer la saison entière de cette manière.

KIEFER, TIREUR D'ÉLITE

Kiefer Sutherland utilise régulièrement des armes à feu dans la série, à tel point qu'il est maintenant devenu un expert. Il était déjà assez bon avec les révolvers quand la saison a commencé, à présent, il peut prendre presque n'importe quel genre de pistolet, le charger et tirer. Heureusement donc, notre vedette n'est pas quelqu'un que nous avons dû longuement former pour l'utilisation d'armes à feu.

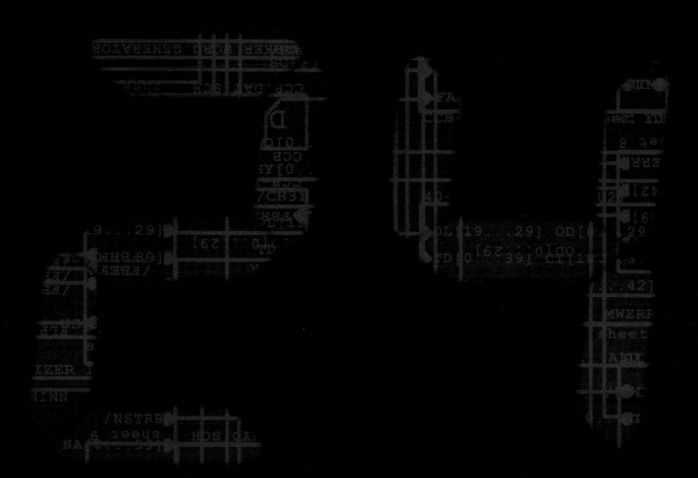

SAISON 5

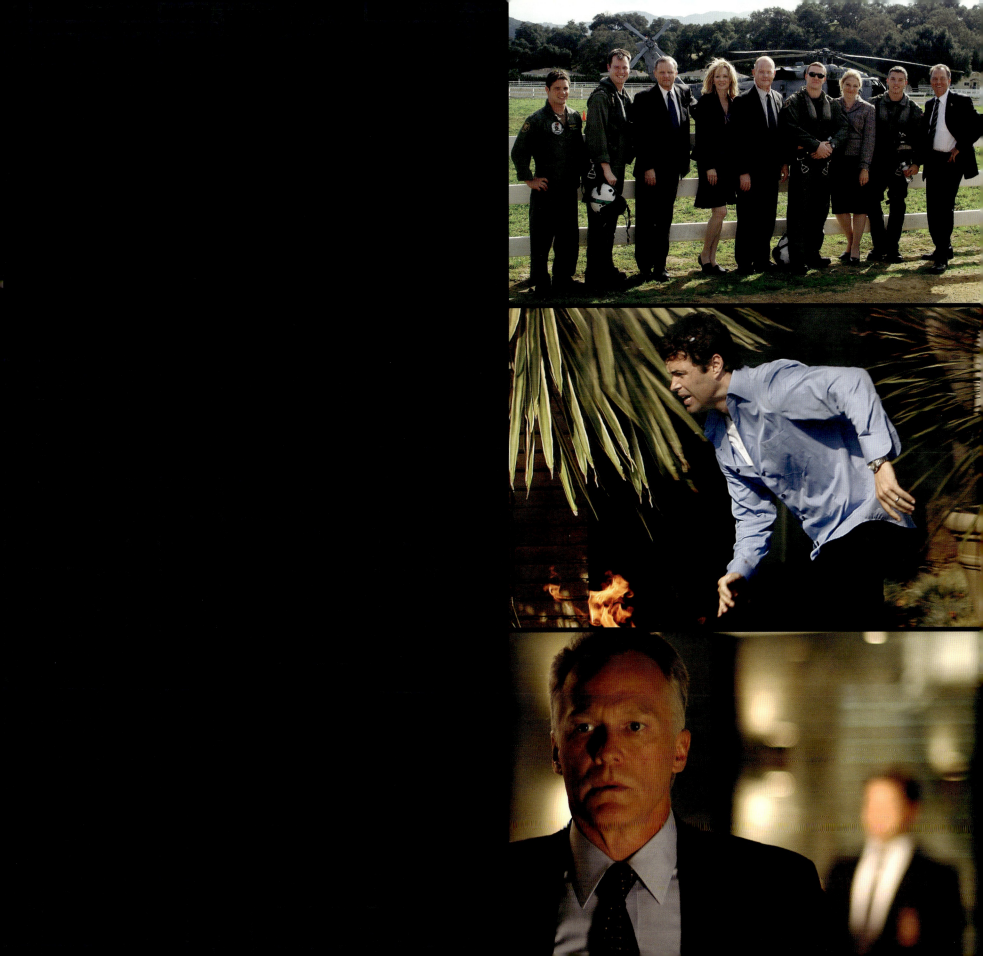

12:59:59

ASSASSINAT

Dans cette scène, je voulais refléter la tentative d'assassinat qui a eu lieu plus tôt. Notez que Palmer est couché dans la position exacte dans laquelle il se trouvait à la fin de la saison deux. La seule différence est que, dans la saison deux, ses yeux étaient ouverts alors qu'il se battait pour rester en vie. Ici, ses yeux sont fermés et nous, en tant que téléspectateurs, savons que sa vie touche à sa fin. Nous avions décidé de tourner une version plus douce de ce que nous avions fait dans la saison deux, alors nous avons utilisé un chariot à caméra pour recréer la même remontée que nous avions faite auparavant. Mais lors du montage, nous avons décidé de ne pas utiliser cette remontée parce qu'elle ne collait pas avec le rythme effréné de cette séquence. La photo en noir et blanc ci-dessus a été prise pour être placée en première page d'un journal. On peut y voir le sang éclaboussé autour de lui, beaucoup plus qu'on en voit véritablement dans la série.

20:00 – 21:00 / L'APPARTEMENT DE WAYNE PALMER À LOS ANGELES
Je suis en train de donner des indications à Dee Mansano (maquillage), Nick Murino, (habillage), et Bryce Moore (accessoires), afin qu'ils donnent à la scène cet effet de réalité brute et intense qui est caractéristique de la série. Palmer a été touché à la gorge, nous avons donc dû rendre la scène très sanglante. Les particules de substances corporelles autour de sa tête sont en fait des morceaux de tissu enroulés et trempés dans du sang scénique.

MORT À CAUSE D'UNE BOMBE

Voici un cliché pris sur le vif de Tony (Carlos Bernard) tandis qu'il s'élance pour sauver Michelle (Reiko Aylesworth), piégée dans une explosion de voiture. On peut voir des bouts de débris enflammés, chacun ayant été allumé séparément et placé stratégiquement par nos gars des effets spéciaux, de manière à donner aux téléspectateurs l'impression que c'était une énorme explosion. Si vous vous rappelez la scène, elle commence avec Taylor à l'intérieur, au téléphone, il entend l'explosion et court vers l'extérieur. En fait, nous avons filmé les parties de la scène ayant lieu à l'extérieur sur la propriété d'une maison louée à Los Angeles, où nous avons mis en scène une petite explosion, mais nous avons filmé la partie de la scène ayant lieu à l'intérieur, lorsqu'il parle au téléphone, sur un plateau. Nous avons dû recréer la fenêtre de la maison louée, que nous avons alors fait exploser sur notre plateau pour montrer quand l'explosion a frappé. Le tournage des scènes d'action est souvent un grand puzzle et cette scène n'était pas une exception. Une action est plus compliquée à tourner que des scènes remplies de dialogues parce qu'on doit en chorégraphier chacun des aspects à l'avance. L'action doit être pensée avec grand soin, prise par prise.

AUDREY RAINES

J'ai saisi cette image de Kim Raver (Audrey Raines), qui joue la petite amie de Jack, en la prenant sous le pli du bras d'un membre de l'équipe. Je l'aime bien parce qu'elle est symbolique de notre série – notre caméra regarde souvent au-delà ou au travers de quelque chose ou de quelqu'un. C'est presque une image volée parce qu'elle ne se doute pas que je prends cette photo : elle vit son personnage et est profondément concentrée. Une des choses les plus compliquées dans l'écriture de cette série réside dans le choix d'une conquête amoureuse pour Jack Bauer. De plus, le personnage d'Audrey est le pas le plus important que nous ayons pris dans cette direction depuis la mort de sa femme. Après tout, il est très difficile de s'impliquer dans une relation amoureuse au cours de 24 heures pleines d'action. De manière réaliste, dans ce genre de situation, personne n'a beaucoup de temps pour une romance ou pour tomber amoureux. Alors nous avons décidé d'impliquer Jack dans une relation qui avait été nouée auparavant. Dans la saison quatre, nous avons donc introduit Audrey et établi qu'ils entretenaient une relation depuis le premier épisode. Mais il est quand même difficile de montrer une scène d'amour dans ce genre de scénario, voilà pourquoi nous avons offert au public une scène d'amour chaude entre Jack et Audrey dans la bande-annonce de la saison quatre qui est sortie sur le DVD de la saison trois.

12:28:19

LES ÉCHECS

Ce que Kiefer préfère faire pour se détendre pendant ses pauses sur le plateau, c'est jouer aux échecs avec n'importe quel volontaire prêt à l'affronter. Ici, on voit qu'il joue aux échecs avec son bon ami, Lou Diamond Philips, qu'il a rencontré en tournant le long métrage *Young Guns*. Alors que Lou a travaillé sur *24h Chrono* pendant la première saison, il est revenu dans la saison cinq pour voir sa fille, Grace, travailler dans son premier rôle devant la caméra, jouant une enfant évanouie que Jack Bauer sauve dans un centre commercial. Pendant ce temps, Kelly, la mère de Grace, comme beaucoup de personnes qui passent des heures incalculables sur un plateau, trie son courrier.

12:15:02

14:00 – 15:00 / CENTRE COMMERCIAL

En fait, Kiefer joue aux échecs tellement souvent que notre équipe lui a construit une table d'échecs portable, que vous pouvez voir sur ce cliché – elle se replie, avec les pièces à l'intérieur, et peut se monter très vite. Nous avons mis des échiquiers partout sur le plateau, ainsi que dans divers emplacements lorsque nous sommes sur la route. Et Kiefer termine toujours le jeu – même s'il doit s'arrêter et tourner une scène, il reviendra toujours pour finir ce qu'il a commencé.

BILL BUCHANAN

James Morrison joue le rôle du chef de la CAT, Bill Buchanan – un autre acteur génial que nous sommes chanceux d'avoir dans la série. J'aime particulièrement ce cliché parce qu'on peut y voir le personnage de Lynn McGill, joué par Sean Astin, debout derrière Buchanan, en flou. Ce style de photo est significatif de la manière dont nous tournons la série. Nous utilisons de longues lentilles, ce qui rend l'avant-plan net et réduit la profondeur de champ. Cette technique ajoute aussi une dimension aux magnifiques plateaux conçus pour nous par Joseph Hodges – ils donnent l'impression que la CAT s'étend à l'infini.

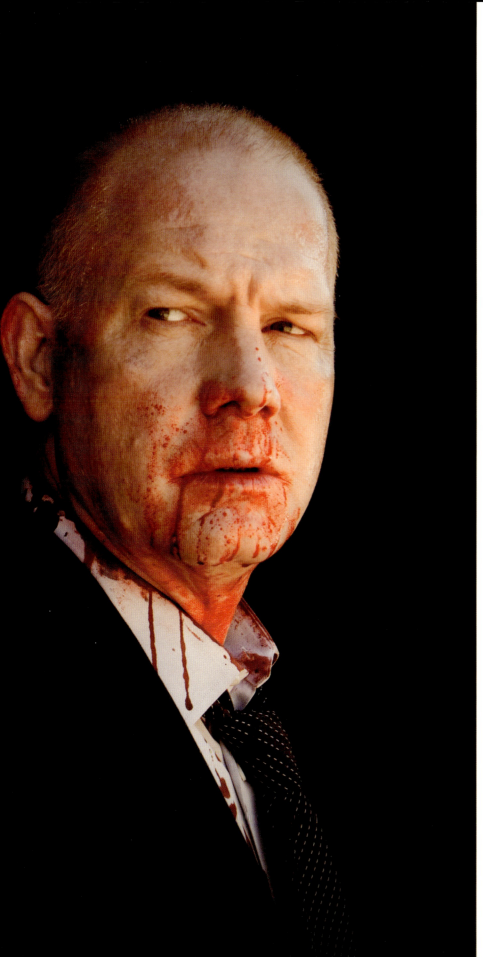

11:48:32

4:00 – 5:00 / LE REPAIRE DE LOGAN
L'agent Pierce (Glenn Morshower) et Jack sont les seuls personnages du projet pilote qui sont encore dans la série. Son rôle s'est renforcé cette année, en même temps que son intégrité. Ici, il a été capturé après avoir miraculeusement échappé aux griffes du fidèle du Président Logan, l'agent Adams.

11:39:52

« NOUS T'AIMONS... MORT »

Ici, on voit quelques-uns de ces « au revoir » tristes que nous avons tous dû dire pendant la série. Ce cliché a été pris lors du dernier jour de Dennis Haysbert. Nous venions juste de finir de filmer son assassinat dans un loft sur le boulevard Wilshire à Los Angeles. À chaque fois que quelqu'un tourne sa dernière scène, l'assistant du réalisateur l'annonce à l'ensemble de la distribution et de l'équipe. Tout le monde applaudit pour reconnaître le dur travail de l'acteur. Dennis serre Kiefer dans ses bras tandis que nous tous les regardons. C'était un moment très émouvant pour eux – ils avaient travaillé ensemble pendant cinq ans. La même chose est arrivée avec Carlos Bernard, que l'on voit ici alors qu'il reçoit un gâteau et une série d'applaudissements après sa scène finale. Dire au revoir à ces membres talentueux de notre équipe est clairement la part la plus difficile du boulot.

COURSE DE CHARITÉ

Lorsqu'une série telle que la nôtre devient un grand succès, cela ouvre évidemment pas mal de portes à notre distribution qui est souvent invitée à diverses manifestations. Ici, par exemple, Carlos Bernard a pris part à la course de voitures Toyota pour célébrités qui a lieu chaque année avant le grand Prix de Long Beach. Carlos m'a obtenu un ticket : j'y suis allé et j'ai pris des photos de lui en train de s'amuser comme un fou. Auparavant, il avait suivi une formation de pilote de course pendant deux week-ends consécutifs et, ensuite, il a pu affronter d'autres célébrités. Pour l'anecdote, Sean Astin courait aussi ce jour-là, alors que cet événement se déroulait avant qu'il ne rejoigne notre distribution. Autant que je m'en souvienne, Carlos a fini au milieu du peloton, ce qui a suffi à lui donner des frissons de plaisir.

11:22:17

17:00 – 18:00 / LE REPAIRE DE LOGAN
(g.-dr. en vêtements civils) Nick Jameson (Yuri Suvarov), Jean Smart (Martha Logan), Glenn Morshower (Aaron Pierce), Kathleen Gati (Anya Suvarov), Gregory Itzin (Président Logan) et leur équipe de pilotes d'hélicoptère de la marine.

17:00 – 18:00 / LE REPAIRE DE LOGAN

L'agent des services secrets, Aaron Pierce (Glenn Morshower), et la première dame russe, Anya Suvarov (Kathleen Gati), retournent au repaire de Logan après que leur convoi de voitures soit tombé dans une embuscade et ait explosé.

11:08:23

0:00 – 1:00 / LE HANGAR DE L'AÉROPORT VAN NUYS
*Le traître et meurtrier Henderson enfonce un couteau dans une des artères du bras d'Audrey.
Kim Raver voulait une image d'elle-même avec tout le sang. On sent la touche Cindy Sherman
derrière ce cliché.*

3:00 – 4:00 / CLINIQUE DE LA CAT
Dans la saison cinq, Jack, uni de nouveau avec Audrey, lui rend visite à la clinique de la CAT.
Audrey a été agréablement surprise par le geste de Jack, lorsqu'il lui touche la main.

10:57:01

PRÉSIDENT LOGAN

Gregory Itzin est un des ces acteurs qui transforme un petit rôle d'invité en un rôle de long métrage nominé pour un Emmy. Il avait fait un boulot tellement magnifique dans la saison quatre, en tant que nouveau président, que les auteurs lui ont donné un rôle important dans la saison cinq.

6:00 – 7:00 / AÉRODROME
À droite : Jean Smart (Martha Logan), Jude Ciccollela (Mike Novick) et Gregory Itzin (Président Charles Logan) se préparent à tourner la scène d'adieu au Président à l'aérodrome.

10:48:14

5:00 – 6:00 / LE REPAIRE DE LOGAN
Tandis que Gregory Itzin et Jean Smart jouent une scène d'amour dans l'épisode 23 de la saison cinq, ils doivent partager leur lit avec le cadreur Guy Skinner ainsi que Jon Sharpe, qui s'occupe de la mise au point des objectifs. Cette photo montre pourquoi les scènes d'amour ne sont pas aussi romantiques qu'elles le semblent.

6:00 – 7:00 / LA BASE SOUS-MARINE NAVALE AMÉRICAINE DE LOMA POINT
SAN DIEGO, CALIFORNIE
Ci-dessus : « Jack et Henderson à bord du sous-marin. C'était une expérience incroyable de pouvoir tourner à bord d'un sous-marin nucléaire. Celui-ci est un sous-marin d'attaque de Los Angeles capable de tirer des missiles et des torpilles Tomahawk. Nous avons utilisé une grue qui nous a permis d'être basés sur la jetée et ensuite de nous étendre au-delà du sous-marin, à une distance de 50 pieds. La grue transporte la caméra-C téléguidée panoramique et à tête inclinée. À la dernière minute, il a été décidé que nous ne pouvions pas attaquer avec succès un sous-marin américain sur le sol américain, alors c'est devenu un sous-marin russe, le Nathalia. » – Rodney Charters
(De gauche à droite : Eric Guerin, Carlos Boiles, Guy Skinner, Kiefer Sutherland, Peter Weller.)

18:00 – 19:00 / LA CACHETTE DE BIERKO
À droite: l'acteur anglais Julian Sands joue Vladimir Bierko, le personnage à qui l'on doit, dans la saison cinq, les attaques de Los Angeles au gaz innervant.

10:25:59

LE DERNIER JOUR DE TOURNAGE DE LA SAISON CINQ

Cette image rappelle la scène finale de la cinquième saison. Nous l'avons tournée dans un énorme entrepôt, dans l'ancien bâtiment du *Times* de Los Angeles qui passait bien pour la cale d'un navire chinois. Il faisait froid et humide et Kiefer a dû se rouler dans une flaque pour tremper ses vêtements avant chaque prise. C'était difficile à regarder parce que Kiefer était est particulièrement convaincant lorsqu'il joue la souffrance. Le maquillage était très réaliste. Ania a fait un travail fantastique.

5:00 – 6:00 / NAVIRE CHINOIS
Ci-dessus : Le maquillage de Kiefer. La scène finale de la saison réclamait que Jack Bauer soit battu jusqu'à ce qu'il soit près de mourir. La maquilleuse Ania Harasimiak a fait un travail exceptionnel, réduisant le beau visage de Kiefer à de la pulpe sanglante.

5:00 – 6:00 / NAVIRE CHINOIS
Ci-dessus à droite : Pour simuler l'intérieur d'un énorme vaisseau maritime, nous avons tourné à l'intérieur d'un large entrepôt, dans l'ancien bâtiment d'imprimerie du Times de Los Angeles. Les marques noires sur le sol sont des taches d'encre qui demeurent depuis les années d'imprimerie. Notez le grand rouleau de corde épaisse, un petit indice visuel pour donner au public une idée des déplacements de Jack. Ceci est encore une des rares prises à la grue dans **24h Chrono** ; c'était la prise finale de la saison pour Jack et je voulais qu'elle se confonde avec celle du bateau qui se dirigeait vers la Chine. Celle-ci avait été filmée à partir d'un hélicoptère.

6:00 – 7:00 / NAVIRE CHINOIS
Ci-dessous à droite : Kiefer Sutherland (Jack Bauer) se réchauffe tandis que la saison tend vers son ultime scène. Deux assistants réalisateurs, Rebecca Gaither et Scott Romick, se tiennent debout à proximité.

10:12:11

Ci-dessus à gauche : l'heureuse équipe créatrice. Il y a toujours un grand sentiment de soulagement quand la saison est enfin finie. Écrire et créer vingt-quatre bons épisodes de 24h Chrono est un travail intimidant et difficile, avec très peu de repos entre les saisons. Mais les sourires montrent que la fin est en vue : la pression va pouvoir retomber un peu.
Rang du fond : Robert Cochran, Jon Cassar, Howard Gordon ; rang avant : Nestor Serrano, Joel Surnow, Gregory Itzin et Sean Callery.
À gauche : 24h Chrono a été produit par 20th Century Fox et Imagine Television. Le producteur d'Imagine, Brian Grazer, visite le plateau et papote avec l'acteur Gregory Itzin.
Ci-dessus : un grand portrait de Kiefer saisi par le producteur de la Fox, Bruce Margolis. Bruce l'a pris le dernier jour et je pense qu'il représente le cri de liberté de Kiefer entrevoyant la pause à venir.

Kiefer et moi sommes sur le point de tourner sa dernière scène, le dernier jour du tournage. On dirait qu'un grand poids nous a été enlevé des épaules. Nous sommes tous deux d'accord pour dire que c'est le seul jour de l'année au cours duquel nous ne sommes pas inquiets du tournage du lendemain. Notez l'adhésif sur le bras de ma chaise ; c'est un décompte visuel du nombre de jours qu'il reste à tourner. Seulement une demi-journée doit encore être biffée.

LE TOURNAGE
DE 24H CHRONO

09:58:01

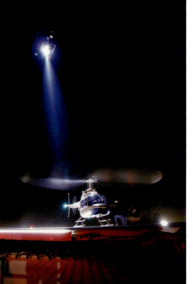

HÉLICOPTÈRES

Je doute qu'il y ait une série télévisée qui utilise plus d'hélicoptères que nous. La chose la plus importante concernant le tournage de cascades en hélicoptère, c'est d'obtenir les meilleurs pilotes, et nous avons les meilleurs, John Tamburro et son frère, Chuck. Ce sont les spécialistes aériens les plus importants d'Hollywood, si on parle d'hélicoptères. Sur ces photos, nous étions en train de filmer le climax de la saison quatre. Nous avons placé notre équipe de tournage directement en dessous de ces lames d'hélico. On peut également voir un autre hélicoptère effectuer un vol stationnaire au-dessus du premier.

Ci-dessus à droite : on dirait que la photo a été assemblée numériquement ; en fait, c'était simplement la manière dont la lumière tombait en cette nuit particulière. Moi-même et quelques autres membres de l'équipe étions au niveau du parking souterrain en train de regarder les écrans de tournage pendant que l'hélicoptère se posait sur l'aire d'atterrissage, littéralement en face de nous. Lorsqu'on filme des hélicoptères la nuit, on est limité quant à la quantité de lumière qu'on peut utiliser, alors nous avons mis des lumières fluorescentes et avons eu un peu de lumière additionnelle des bâtiments adjacents.

Ci-dessous à droite : l'équipe fait ce que l'on appelle un « wet-down » (arrosage). Quand on travaille avec des hélicoptères, on doit avoir un camion d'eau présent pour mouiller le sol avant que l'hélicoptère approche. Dans ce cas, nous étions en train de tourner au milieu de la nuit à Valencia (Californie) qui passait pour le Mexique. Il se fait qu'il y avait une grande et magnifique lumière d'arrière-plan qui brillait lorsqu'ils ont commencé à asperger le sol, juste au moment où Rodney a pris cette photographie.

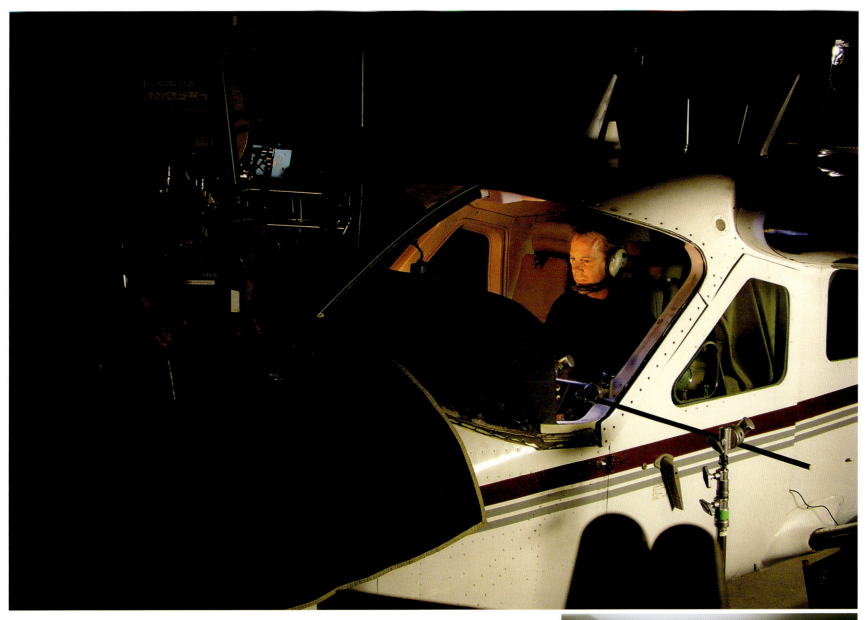

COCKPITS

Bien qu'on utilise souvent l'hélicoptère, il est rare que nous prenions des acteurs, autres que des cascadeurs, dans des engins volants – nous simulons presque toujours. La photographie sur la droite montre la coquille d'hélicoptère que nous utilisons habituellement pour filmer les acteurs « à l'intérieur » des hélicoptères – c'est en fait un accessoire élaboré, un vrai fuselage, mais sans moteur à l'intérieur. C'est celui que nous utilisons quand nous montrons nos acteurs dans les airs, et aussi lorsque nous voulons montrer un hélico sur le sol pour une scène de crime ou de crash. La photo ci-dessus, prise au cours de la scène dans laquelle Jack conduit un avion qui transporte une bombe nucléaire, illustre le même concept – cette fois Kiefer est dans le « cockpit » d'un petit avion. Nous l'avons mis dans la coquille d'un véritable avion, mais nous ne l'avons jamais envoyé dans les airs.

09:13:05

EFFETS SPÉCIAUX ET EXPLOSIONS

L'attaque de la limousine du Secrétaire de la défense Heller (William Devane) était une explosion mise en scène ; celle-ci avait été conçue pour que la voiture se renverse et atterrisse sur la poubelle verte, sur la gauche. La voiture avait été enchaînée au sol pour qu'elle ne saute pas complètement. Le cascadeur était couvert d'un gel refroidissant spécial pour se protéger de brûlures au second degré. Cette action s'est passée dans une rue de banlieue à Los Angeles lorsque Heller et Audrey Raines (Kim Raver) vont rendre visite à Richard Heller (Logan Marschall-Green, ne paraît pas sur l'image).

LA MORT DE MICHELLE

Ces images rappellent une énorme explosion que nous avons mise en scène pour une séquence très importante – la mort de Michelle Dessler. Une des choses les plus difficiles à faire avec une telle séquence, c'est de trouver un lieu où la scène soit crédible et sécurisée pour notre distribution et notre équipe. Dans la photo ci-dessus à droite, on peut voir un ventilateur énorme sur le côté gauche. Il est utilisé pour souffler le feu loin des cascadeurs, en créant une petite poche d'air pour eux. Lors de ce tournage, lorsque j'ai crié « coupez », un des cascadeurs avait quelques flammes sur lui, mais tous portent des vêtements résistants au feu et nous suivons des procédures de sécurité qui l'ont protégé d'une quelconque blessure importante. Vous pouvez aussi voir que les cadreurs, même le machiniste du chariot, portaient des capuches, des vestes ou des couvertures lorsqu'ils filmaient la séquence. Même hors de portée du feu, la chaleur est extrême, alors nous prenons toujours les précautions nécessaires. Ceci dit, il n'y a aucun doute que les membres de notre équipe puissent sentir la chaleur lorsqu'ils font ce travail ; toutefois, tout est très sécurisé, ce ne sont pas de véritables explosions. Un mortier de propane éjecte du propane dans l'air et nous l'allumons pour créer un magnifique feu. La voiture abîmée est endommagé au préalable. Nous n'avons en fait jamais fait exploser une vraie voiture. Cela prend un temps incroyable de préparer chaque détail. Pour ce genre de cascade, nous devons généralement planifier une journée entière.

SAISON CINQ, 7:00 – 8:00 / LA MAISON DE TONY ET MICHELLE
Les effets de l'explosion du point de vue de l'équipe de 24h Chrono, derrière les deux caméras.

08:56:55

CASCADES

Sur le cliché ci-dessus, Kiefer escalade une gouttière ; oui, c'est Kiefer. Il fait à peu près 90% de ses propres cascades. Dans ce cas, nous avions conçu et construit une gouttière rigide et renforcée à fixer à l'extérieur du bâtiment pour que Jack puisse grimper jusqu'au deuxième étage. Le plan d'origine était que son cascadeur, Matt Taylor, fasse la prise (on peut le voir au sol, portant les mêmes vêtements que Kiefer et regardant le coordinateur de cascades, Greg Barnett), mais quand nous sommes arrivés sur le plateau, Kiefer a insisté pour réaliser l'ascension lui-même. Alors j'ai crié « action », il a escaladé le mur et est arrivé au-dessus en une seule prise.

ENTRAÎNEMENT AUX ARMES À FEU

Ci-dessus à droite : Notre assistant accessoiriste, Michael Pat Lugar, enseigne à notre actrice, Dagmara Dominczyk, comment viser et tirer comme un expert. Beaucoup de membres de la distribution ont très peu d'expérience avec des pistolets, mais leurs personnages sont supposés être des espions ou des assassins, donc nous utilisons l'expertise de Michael Pat pour les instruire. La photographie sur la droite me met en scène en train d'expliquer à Gina Torres comment utiliser son arme pendant la séquence cruciale de la saison trois, dans laquelle elle tire sur Sherry Palmer.

La photo ci-dessus immortalise Sarah Clarke, qui joue Nina Myers, pendant une scène de la saison deux, lorsqu'elle se retrouve face à Jack avec un énorme pistolet. C'est ironique que Sarah joue le rôle d'une tueuse accomplie et sans pitié sans connaître la moindre chose à propos des armes à feu ; à partir de rien, nous avons dû la former à tirer.

RÉALISATION

Lorsque nous tournons une action, les acteurs doivent vraiment faire confiance à leur réalisateur et, sur ce cliché, Mary Lynn Rajskub, qui interprète Chloe, le fait très bien. C'est une scène dans laquelle je lui ai demandé de traverser la rue en courant tandis qu'un groupe de conducteurs cascadeurs manquent de la renverser. Alors me voilà, lui promettant qu'ils ne la renverseront pas et que tout ira bien. En fin de compte, la séquence n'est jamais apparue dans l'épisode – nous l'avons coupée, ce qui est dommage, parce que Mary Lynn a fait un beau boulot dans cette scène. Même si elle n'est pas cascadeuse de formation, elle a prouvé qu'elle peut jouer des scènes d'action très physiques. Certains personnages ne quittent pas souvent la CAT, alors on ne sait jamais quels sont les acteurs qui peuvent tourner des scènes d'action et lesquels ne peuvent pas. Finalement, elle, elle le peut.

Joseph Hodges a pris, à travers les stores d'une fenêtre du plateau de la CAT, cette magnifique photo de moi en train de donner des indications à Mary Lynn Rajskub. Ce que j'aime à propos de cette photographie, c'est que Joseph l'a prise de la manière dont il décore les plateaux et dont nous tournons beaucoup de scènes dans la CAT – par la perspective de « l'au travers ». Dans ce cas, il a saisi un moment pendant lequel je discutais de l'histoire avec Mary Lynn, pendant une répétition. On peut voir que c'est une répétition parce que je suis proche d'elle. Je suis toujours très près des acteurs pendant les répétitions – je suis à côté des écrans seulement lorsque nous filmons vraiment.

À gauche : je donne les instructions finales aux acteurs Jude Ciccolella et Michelle Forbes, qui interprètent les conseillers présidentiels, occupés à débattre. L'idée était de les positionner physiquement de manière à représenter leur désaccord. Dans ce sens-là, c'est intéressant de voir ce que nous pouvons faire avec le physique des acteurs. J'ai pris la place du Président Palmer et je leur ai expliqué qu'ils étaient placés tels des rivaux dans un jeu d'échecs. Les réalisateurs doivent penser autant à l'agencement des corps qu'à l'aboutissement des dialogues.

Voici certains des acteurs (Kiefer Sutherland et Roger Cross) et membres de l'équipe (au milieu, Anne Melville, en charge de la supervision du script ; l'assistante directrice, Nicole Burke, tout à gauche ; et le lecteur hors champ, Marci Michelle) qui répètent un dialogue pour une scène – il s'agissait de la finale de la saison quatre. Nous répétons ce qui va arriver à l'intérieur de l'hélicoptère de Jack tandis qu'il s'élance à la poursuite de Marwan. Ce sera une scène de nuit, mais nous la répétons alors qu'il fait encore jour pour pouvoir commencer à tourner dès que le soleil se couche.

Ian Toynton, sur la droite, donnant des indications à James Badge Dale à propos d'une scène de la saison trois. Ian est un excellent réalisateur qui a travaillé pour la série jusqu'à ce qu'il nous quitte pour devenir producteur/réalisateur de *Newport Beach*. Nous étions tous tristes de le voir partir parce qu'il comprenait vraiment la série. Sur cette photo, on peut voir la concentration incroyable du réalisateur et de l'acteur.

Bryan Spicer est un des réalisateurs avec lesquels on aime beaucoup travailler. Sur cette image, on le voit en train de discuter de la façon de filmer une scène dans laquelle Jack essaye de se faire passer pour le personnage de Behrooz. De nouveau, ils planifient la façon dont les choses s'agenceront lorsqu'il fait encore jour, mais ils commenceront à filmer dès que le soleil se couche. Habituellement, Bryan et Kiefer participent beaucoup à ce genre de préparatifs.

Ceci est un beau portrait de Brad Turner, l'autre réalisateur/producteur régulier de la série, et une des forces créatives dominantes de *24h Chrono*.

07:59:07

PRISES DE VUE

Rodney Charters a été le photographe de *24h Chrono* pour les cinq saisons. Son travail consiste non seulement à ajuster l'éclairage pour chaque scène, mais aussi à connaître les caméras et à savoir quelles images elles peuvent produire ainsi que le lieu où les placer. Dans la photo ci-dessus, Rodney donne les indications à l'équipe pour une prise au-dessus de l'épaule de Kiefer alors qu'il s'engage dans une lutte contre l'incendie. Dans cet épisode précis, il était aussi réalisateur.

Ce que l'on voit ici, c'est ce que les réalisateurs et le directeur de photographie regardent chaque jour pendant la production – notre chariot à écrans. Ce sont des écrans ACL (affichage à cristaux liquides) haut de gamme qui nous permettent de voir chaque prise venant de deux caméras différentes qui filment la même scène, ce qui fait du chariot un outil important qui nous aide à choisir les angles et les dispositions des caméras. (Vous remarquerez que c'est aussi pratique pour y déposer notre café). À travers des moniteurs, vous voyez un cliché historique : Dennis Haysbert, alias le Président Palmer, passe son dernier coup de fil à Jack Bauer.

Ces clichés donnent le parfait exemple de ce que nous mettons « derrière l'homme », c'est-à-dire Jack Bauer. Quand on les voit à la télévision, ces scènes et d'autres semblables montrent Jack complètement isolé, sur un toit désert, la civilisation à des kilomètres de là, jouant au chat et à la souris avec un adversaire. Cependant, alors qu'il semble isolé, il y a en réalité dix membres de l'équipe, ou plus, à proximité.

07:47:58

Le sentiment unique qu'offre *24h Chrono* « d'être là » avec les personnages est en grande partie dû au travail des caméras portables. Cela signifie que les cadreurs doivent travailler aux alentours des acteurs, ce qui est chorégraphié par le réalisateur et le directeur de photographie. Voici Stephen Hopkins (mains levées), notre réalisateur/coproducteur exécutif de la saison un avec notre cadreur de caméra-B, Jay Herron (avec la caméra portable) menant une répétition de cadrage à l'observatoire de Griffith Park à Hollywood. Vicellous Shannon joue Keith Palmer. Notez le « Hollywood » en arrière plan.

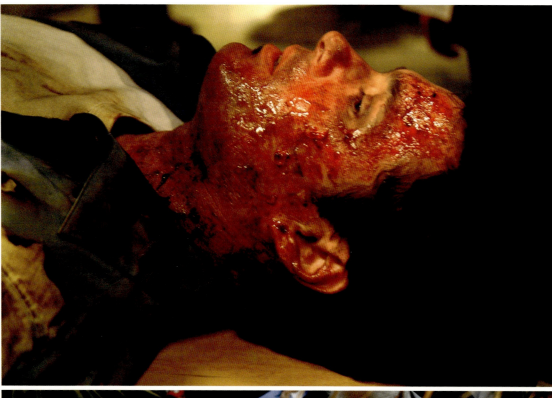

MAQUILLAGE/PROTHÈSES

Dans cette série de photographies, on peut voir en détail des éléments que l'on remarque moins dans un quelconque épisode. Ceci vient de la séquence qui montre la mort tragique de Michelle Dessler, jouée par Reiko Aylesworth. Elle était la victime d'une explosion de voiture, et Dee Mansano, chef-artiste du département de maquillage, avait dû créer des blessures graves, que vous voyez de manière plus détaillées que dans l'épisode. À la télévision, elle est couchée là, bercée par Tony, son mari. À cause de cette interaction entre eux dans la dernière scène de la série, nous ne voulions pas trop abîmer son visage ; alors, à la place, nous lui avons ajouté des blessures à la poitrine. Nous lui avons posé des prothèses, du maquillage et une perruque de cheveux brûlés, entre autres. C'est chouette de pouvoir vous montrer ceci parce que, dans l'épisode même, les spectateurs n'ont pas reçu l'effet complet du travail ardu de notre département maquillage. Nous ne savons jamais ce qui sera montré dans le montage final, mais nous y consacrons quand même un effort énorme, de manière à couvrir chaque éventualité.

Nina Myers (ci-dessus à gauche), avec une blessure à la tête délicatement apposée par Dee Mansano, de notre département maquillage. J'adore les photos qui montrent nos acteurs qui sourient et qui plaisantent même s'ils portent les effroyables contusions et blessures réalisées par notre équipe maquillage. Ceci a évidemment été photographié entre des prises.

Voici quelques autres exemples du talent de notre département maquillage et la preuve que même les « blessures » monstrueuses n'empêchent pas nos acteurs de bien s'amuser entre les prises. Par exemple, dans la photo centrale à gauche, Reiko Aylesworth dépose un bisou sur la joue de Jesse Borrego, jouant Gael Ortega, bien que ce personnage vienne d'inhaler un agent biologique hautement toxique qui le mènera vers une fin atroce.

Les décors

06:56:12

LA BULLE

Cette image vous donne une vue de notre très talentueux décorateur de production, Joseph Hodges, sur le plateau d'une de ses œuvres d'art – une unité de confinement que nous appelions tous « la bulle ». Cette scène a été diffusée lorsque des adolescents, Kyle Singer et sa petite amie Linda, ont été exposés à un microbe mortel et ont dû être tenus en isolation par des kidnappeurs terroristes. L'unité de confinement est tout simplement apparue dans l'esprit de Joseph, et elle est assez étonnante, comme vous pouvez le voir ici. Le script demandait que l'aire de confinement soit simple, une chambre isolée avec du plastique sur des portes, mais Joseph voulait vraiment piéger ces enfants à l'intérieur d'une sorte d'aquarium. Alors c'est ce qu'il a conçu. C'est un peu futuriste, comme le sont beaucoup de ses décors, mais quand ils sont combinés avec les éclairages de Rodney Charters, c'est une vue fameuse. Cet exemple illustre combien chaque membre de notre équipe contribue à la réussite de la série. En ayant cette étonnante idée de décor, Joseph a ajouté beaucoup de drame à une trame déjà intense. Agnes Bruckner (en face en dessous), jouant Linda, semble vraiment emprisonnée – dans ce cas, avec l'équipe. Le « poisson » que vous voyez (en face au-dessus) est en fait notre perchiste, Todd Overton. Il attend à l'intérieur du plateau que l'action continue.

06:37:46

LES DÉCORS

153

05:59:02

LA SALLE DE RÉUNION DE LA CAT

Ci-dessous, la salle de réunion de la CAT, que Joseph Hodges a pu complètement redécorer quand nous avons déménagé dans le nouveau studio de tournage. On ne peut pas vraiment démonter ces plateaux et les déplacer facilement vers un endroit complètement différent, Joseph a donc créé un nouveau plateau pour nous. Au centre du décor de la CAT, se trouve la salle de réunion. Quand on a un plateau régulier comme celui-ci, les points clés du décor sont la facilité à filmer et l'intérêt visuel qu'il présente. Dans notre ancien studio, la salle de réunion était deux fois plus petite que celle-ci. De plus, elle n'avait pas de murs amovibles, ce qui compliquait le tournage. La nouvelle salle de réunion est complètement vitrée. De plus, on peut enlever les vitres et filmer directement à travers ces « murs » lorsque la scène le nécessite. Cela donne au réalisateur plus de flexibilité et offre un sentiment voyeuriste au public. Dans ce cliché, on voit la manière dont nous illuminons la pièce, de haut en bas, et comment nous utilisons la table comme source de lumière. En effet, celle-ci crée un magnifique éclairage sur le visage des acteurs. Cet élément de décor permet d'accélérer nos préparatifs puisqu'on ne doit plus passer trop de temps à travailler les lumières. De nouveau, lorsque Joseph décore un plateau, il doit anticiper les situations où les murs amovibles peuvent se révéler utiles.

LE COULOIR DE LA MAISON BLANCHE

Nous montrons rarement les scènes à l'intérieur de la Maison Blanche. D'autres séries diffusées présentent régulièrement la Maison Blanche et le Bureau Oval ; nous voulions nous en démarquer. Notre président est généralement dans sa retraite présidentielle ou dans un lieu sécurisé – un hôtel ou un bunker. Dans cette séquence, nous avons placé le président dans la Maison Blanche, mais à cause d'une menace terroriste continue, il a passé la plupart du temps dans le bunker. Cependant, quand le Président Palmer est venu rendre visite au Président Logan, nous avons pensé que ce serait bien de montrer un peu de la Maison Blanche. Alors, sous la direction de Joseph Hodges, nous avons construit ce couloir long et luxueux dans lequel vous voyez David Palmer.

Mais comme vous le voyez sur cette image, qui montre l'ensemble de notre équipe caméra debout dans ce couloir, nous n'avons jamais vraiment construit la partie gauche du corridor. Nous l'avons filmée sous un angle spécialement choisi pour cacher le fait qu'il n'y a pas de murs sur le côté gauche, nous avons travaillé dur pour donner corps à cette scène. Donc, ce n'est pas avant la saison quatre que les spectateurs ont pu apercevoir l'intérieur de la Maison Blanche. J'adore ce cliché de l'équipe caméra parce qu'il vous montre la taille de notre équipe, menée par Rodney Charters, que vous pouvez voir assis au milieu. La caméra-A est sur la gauche (avant-plan) – un rare cliché de l'équipe lorsqu'elle ne travaille pas avec une caméra portable – et la caméra-B est sur la droite (arrière-plan),

L'HORLOGE

Ce décor conçu par Joseph Hodges tenait lieu d'accroche publicitaire pour une compagnie de montres fictive. Nous avions l'intention de montrer l'horloge très brièvement, à 7:59, presque 8 heures – la dernière minute de l'épisode. J'adore cette photo parce qu'elle vous rappelle qui nous sommes et ce que notre série représente : le rapide écoulement du temps. Ce qui est intéressant, c'est que dans le premier épisode de la saison un, notre réalisateur/coproducteur exécutif, Stephen Hopkins, a intentionnellement mis beaucoup d'horloges dans diverses scènes, en tant que rappels du thème principal de la série, le temps. Mais, lorsque nous avons commencé à monter l'épisode et à changer les scènes d'ordre, nous avons réalisé que les heures des horloges ne correspondaient pas à la chronologie, et changer numériquement ces cadrans coûte très cher. Alors maintenant, nous faisons exactement le contraire : nous ne montrons presque jamais les horloges ou les montres. Nous sommes très consciencieux concernant les références au temps de manière générale.

AIR FORCE ONE

Cette photographie montre la salle de conférence d'Air force one que Joseph Hodges a construite pour la saison quatre. Nous avons créé notre propre mini-plateau pour cette scène, qui a eu lieu à bord de l'avion présidentiel que les terroristes ont essayé d'abattre. Il y a en fait un plateau d'Air force one construit en dehors de la coque d'un véritable avion à Valencia (Californie) et nous avons tourné là-bas au début de cette saison-là. Mais la location est très chère et nous n'avions planifié qu'une seule scène dans cette salle de conférence, alors Joseph a monté cette version de la pièce, correspondant dans les grandes lignes à cet intérieur. En fin de compte, le plateau a résolu un gros problème pour nous puisque le script disait à l'origine qu'Air force one devait exploser. Nous allions le faire par animation informatique et nous avions bien avancé dans la création de cette animation lorsque la direction a décidé qu'elle ne voulait pas montrer le président en train de mourir. C'était une décision tardive, alors, à la dernière minute, nous avons dû nous débrouiller pour modifier l'histoire tout en utilisant les éléments que nous avions déjà assemblés. Ils ont permis que l'avion s'écrase, à condition que nous ne le fassions pas sauter réellement. Du point de vue de la production, les choses étaient devenues très compliquées : nous devions montrer un type de destruction tout en montrant que le président était vivant, bien qu'invalide. Construire un plateau énorme chargé d'une épave était au-delà de notre limite de temps et de budget, mais Joseph Hodges a eu l'idée d'utiliser la salle de conférence d'Air force one. D'après ses suggestions, nous avons fait éclater les fenêtres de la salle de conférence et avons fait un trou au bout du couloir, montrant où l'avion avait explosé. Nous avons inséré une pièce de fuselage et nous avons tourné la scène rapidement. Quand on voit l'avion dans l'épisode, on dirait que l'équipe de sauvetage est à l'intérieur d'un morceau brisé du fuselage.

Invités célèbres

LE VÉRITABLE HÉROS

Toute l'équipe de *24h Chrono* tient particulièrement à ce cliché. Le jeune homme, assis à côté de Kiefer, est Pete Meslow, qui se battait contre le cancer à ce moment-là. La fondation *Make-a-Wish* est entrée en contact avec nos producteurs, leur a dit que Pete était un grand fan de la série et a demandé s'il pouvait se rendre sur le plateau et nous rencontrer. Nous avons évidemment dit oui et il a fini par venir trois fois sur le plateau. Deux fois nous l'avons habillé d'une combinaison et l'avons mis en arrière-plan pendant quelques scènes CAT, ce qui l'a fait frissonner de plaisir. Une de ces prises a été diffusée, par exemple lorsqu'un employé de la CAT tend des feuilles à Michelle Dessler. Malheureusement, il est décédé depuis et il nous manque énormément. Sa dernière visite avait eu lieu quelques jours avant qu'il ne meure et j'ai pensé que c'était étonnant qu'il veuille, même en sachant à quel point il était malade, rendre visite à *24h Chrono*. C'était un jeune homme très courageux et c'était dur pour tout le monde lorsqu'on a appris qu'il s'en était allé. Beaucoup de fans visitent le plateau, mais aucun d'entre eux n'a jamais laissé la même impression que ce jeune homme.

LE SÉNATEUR JOHN McCAIN

Le Sénateur de l'Arizona, John McCain, regarde une prise de production avec notre réalisateur, Brad Turner (à droite, avec les écouteurs), et pose avec notre équipe caméra au complet. Il s'avère que c'est un grand fan de la série, alors dans la saison cinq nous lui avons donné un rôle de figurant. C'est quelqu'un qui, chaque jour, est aux prises avec des affaires sérieuses que notre série soulève : le terrorisme, la sécurité nationale et la torture. Mais, paradoxalement, il dit qu'il apprécie vraiment l'amusement, l'aventure et la distraction que lui offre 24h Chrono.

02:47:03

JOHN MAYER

Le chanteur/compositeur John Mayer est un autre grand adepte de *24h Chrono*. Il nous a également rendu visite sur le plateau. Il a chanté pour l'ensemble de la distribution et de l'équipe. Ensuite, nous lui avons renvoyé l'ascenseur : pendant une journée, il a pu faire semblant d'être Jack Bauer. Tout le monde s'est bien amusé ce jour-là – sauf moi en fait ! Pendant que tout le monde s'éclatait à écouter John Mayer qui divertissait l'équipe, j'étais en train de tourner avec la deuxième équipe sous la pluie qui tombait à verse. Les gens continuaient à m'appeler sur mon portable pour me faire écouter et m'embêter en me disant qu'ils s'amusaient tellement bien pendant que j'étais dehors en train de tourner dans la tempête.

Centre droite : Kiefer Sutherland (Jack Bauer) pose avec le chanteur John Mayer et l'équipe de Mayer. Au-dessus à droite : Kiefer joue avec la guitare de John sur le plateau. D'abord, John a joué une chanson et puis Kiefer en a joué une, pour tous ceux de la distribution et de l'équipe. C'était une après-midi très amusante.

SEAL

Carlos Bernard (centre) avec le musicien Seal (gauche) et l'assistant de Seal, Laura Strayer (droite). Seal fait partie des dizaines de célébrités qui sont de grands fans de *24h Chrono*. Tina Turner nous a déjà demandé des cassettes lorsqu'elle avait manqué des épisodes à cause de son agenda de tournée. Barbra Streisand est aussi une de nos fans, et Stephen King a écrit au sujet de la série et nous a envoyé des lettres. Billy Crystal, l'ex-joueur de la NFL (*National Football League*, « Ligue nationale de football américain »), Jim McMahon, le réalisateur/acteur Harold Ramis – ainsi que beaucoup d'autres – ont soit été en contact avec nous ou ont été cités en train de dire à quel point ils apprécient *24h Chrono*. Leur intérêt pour notre travail a toujours été très gratifiant pour nous.

EVA LONGORIA

Ici, Kiefer raconte une anecdote au manager de l'unité de production, Michael Klick, au directeur Jon Cassar et à la visiteuse de plateau, Eva Longoria. Eva et Kiefer sont plus tard devenus covedettes dans le long métrage *The Sentinel*.

RUSH LIMBAUGH

Joel Surnow (centre) reçoit le présentateur d'émissions-débats radio, Rush Limbaugh (tout à gauche), dans le fumoir. Rejoignant aussi le groupe (de gauche à droite) : Joe Tomacello, Shorhreh Aghdashloo et l'auteur/coproducteur exécutif Michael Loceff.

LAURA INGRAHAM

L'auteur Laura Ingraham discute de la production de *24h Chrono* avec le producteur exécutif Joel Surnow et l'actrice Jayne Atkinson (Karen Hayes).

Acteur/coproducteur exécutif

KIEFER SUTHERLAND *a incarné l'agent de la CAT, Jack Bauer, pendant cinq journées très « longues » de la vie du personnage de 24h Chrono. Kiefer s'est jeté sur la scène d'Hollywood dans des films tels que Stand by Me, The Lost Boys, et Young Guns. Depuis lors, il est apparu dans nombre d'autres longs métrages, y compris Flatliners, A Few Good Men, The Three Musketeers, Phone Booth, Taking Lives, et The Sentinel. Pour son travail dans 24h Chrono, Kiefer a reçu un Golden Globe, deux Screen Actors Guild (SAG) Awards et plusieurs nominations aux Emmy. De plus, Kiefer a fait une tournée en tant que cordier dans un circuit rodéo – dépendant de la barrière, son temps le plus rapide pour corder un veau est de six secondes.*

Cocréateurs/producteurs exécutifs

JOEL SURNOW *est cocréateur et a servi de producteur exécutif pour chacune des cinq saisons de cette brillante série. Avant 24h Chrono, Joel a servi en tant que producteur exécutif de la série très applaudie, La Femme Nikita. Sa carrière distinguée en tant qu'auteur/producteur inclut aussi des séries télévisées populaires telles que Miami Vice, Bay City Blues, The Equalizer, Wiseguy, Nowhere Man et The Commish. Le travail de Joel dans 24h Chrono lui a permis de recevoir un Emmy pour la meilleure écriture dramatique, un Golden Globe pour la meilleure série dramatique et plusieurs nominations aux Emmy pour la meilleure série dramatique.*

ROBERT COCHRAN *est le cocréateur et producteur exécutif de 24h Chrono. Pendant les nombreuses années où il a travaillé sur 24h Chrono, Robert a reçu un Emmy pour la meilleure écriture dramatique et un Golden Globe pour le meilleur drame. Pendant sa carrière, il a été nominé pour quatre Emmy et trois Golden Globe. Ses mérites télévisés précédents incluent les rôles d'un consultant exécutif dans La Femme Nikita, coproducteur exécutif de The Commish, producteur superviseur de JAG et auteur/producteur dans Falcon Crest et Sons and Daughters. Avocat de formation, il a commencé sa carrière en écrivant des épisodes pour des séries juridiques, y compris L.A. Law et The Antagonists. Il a aussi écrit deux mini-séries – Attila pour USA Network et Nothing Like It in the World pour TNT.*

Photographes

JON CASSAR *est un directeur et coproducteur exécutif de 24h Chrono. Il a dirigé un tiers de tous les épisodes produits dans la saison cinq. Depuis la saison deux, Jon a régulièrement dirigé dix épisodes de 24h Chrono pour chaque saison, tout en supervisant le travail de divers réalisateurs invités à la série et s'est occupé de ses tâches de production. Né à Malte, résidant de Toronto pendant longtemps, et maintenant basé à Los Angeles, Jon est particulièrement intéressé par la photographie depuis qu'il a huit ans, quand son père lui a offert son premier appareil. Avant de devenir réalisateur, il a travaillé dans le monde télévisé et a filmé plusieurs années en tant que cadreur, opérateur Steadicam et photographe. Jon a utilisé des appareils numériques Fuji S1 et Fuji S3 pour saisir beaucoup des photographies uniques vues dans ce livre.*

RODNEY CHARTERS, ASC CSC, *est le directeur de photographie en date de 24h Chrono. Il a travaillé pour 24h Chrono depuis qu'il a commencé et, par sa capacité de cinéaste, il a eu l'occasion de vraiment prendre des milliers de photos numériques à utiliser comme matériel de référence lorsqu'il met les scènes en lumière. Certaines de ces photos capturent des « moments portraits » sur le plateau avec des membres clés de la distribution – beaucoup sont publiées pour la première fois dans ce livre. Né en Nouvelle-Zélande, Rodney a reçu son premier appareil – un Yashica Mat – de son père, Roy, qui a tenu un studio de photographie pendant 45 ans à New Plymouth (Nouvelle-Zélande). Rodney a payé ses études avec des boulots de photographie commerciale et éditoriale pour beaucoup de publications, y compris le Vogue australien. Il a utilisé les appareils numériques Olympus E-10, Canon D-10, et Canon D-20 pour prendre beaucoup des photos qui figurent dans ce livre.*

ISABELLA VOSMIKOVA *est une photographe expérimentée qui a pris des photos de publicité sur le plateau de 24h Chrono pendant les saisons deux, trois, quatre et cinq – des photos utilisées par le département de publicité de 20th Century Fox pour aider à rendre publique la série et à la promouvoir. Les photos d'Isabelle sont aussi apparues dans des magazines, des journaux, des livres, des DVD et dans d'autres sources de médias électroniques à travers le monde, au cours des dernières années. Cependant, beaucoup de photos candides prises pendant ses années de service pour la série apparaissent dans ce livre pour la première fois. Née à Prague (République Tchèque), Isabella est maintenant basée à Hollywood. À l'âge de dix ans, le père d'Isabella lui a offert un appareil en plastique fabriqué en Russie et appelé un Kiev. Elle est accro à la photographie depuis lors. Pour les photos de ce livre, Isabella a utilisé un appareil numérique Canon D-20.*

DAVID ST. ONGE *est depuis longtemps chef électricien pour 24h Chrono. Il fait partie de la série depuis l'épisode pilote. Par sa fonction d'électricien, David travaille de très près avec Rodney Charters, le directeur de photographie, ainsi qu'avec l'ensemble de l'équipe des cadreurs pour éclairer les plateaux – un composant crucial de n'importe quel type de photographie, particulièrement dans la production filmographique et télévisée. Né au sud de la Californie, David a acheté son premier appareil – un Konica – en 1978. Son intérêt pour la photographie a augmenté au cours des années tandis qu'il a pris de nombreux cours de photographie et a accumulé davantage d'expérience dans l'industrie des films. Pour ses photos dans ce livre, David a utilisé des appareils numériques Fuji S1, Fuji S2 et Fuji S3 (son préféré).*

JAY HERRON *est l'opérateur de camera-B de 24h Chrono. Il fait partie de la série depuis la saison un. En tant que cadreur, Jay filme les acteurs en utilisant un appareil fixé à un chariot roulant. Cependant, il prend aussi son appareil numérique Olympus 5050 sur le plateau tous les jours, et avec cet appareil-là, il a pris beaucoup des photos qui figurent dans ce livre. Né au sud de la Californie, Jay a reçu son premier appareil, un Yashica Twin Reflex pellicule 21/4, quand il avait huit ans. L'appareil était un cadeau de son père cinéaste, J. Barry Herron, qui a travaillé à Hollywood pendant les années 70, 80 et 90.*

MICHAEL KLICK *est le directeur de l'unité de production et un des producteurs de 24h Chrono. Ayant débuté en tant qu'assistant réalisateur, il fait partie de la série depuis la saison un. Une part de ses responsabilités en tant que producteur consiste à visiter le plateau de 24h Chrono et superviser chaque jour le progrès de la production. Dans ce but, il utilise régulièrement un appareil numérique Sony F-828 pour travailler et saisir quelques moments « derrière-les-scènes » qui figurent dans ce livre. Né à San Francisco (Californie), Michael a reçu son premier appareil, un Minolta SRT 101, comme cadeau de ses parents quand il avait quatorze ans.*

ALICIA BIEN *est l'assistante du réalisateur et fait partie de 24h Chrono depuis la saison un. Même si elle réalise la plupart de son travail dans un bureau, elle a toujours son appareil quand elle rend visite à l'équipe de tournage en extérieur et lors des événements de 24h Chrono. Élevée dans l'Ohio, elle a déménagé à Hollywood pour poursuivre des études de scénariste télévisée. Elle a reçu son premier « vrai » appareil, un Nikon N2000, de son père lorsqu'elle avait dix-sept ans. Elle a utilisé un Nikon Coolpix 5700 pour prendre les photos qui sont dans ce livre.*

BRUCE MARGOLIS *est le vice-président supérieur de production pour 20th Century Fox Television et il supervise la production de 24h Chrono depuis le projet pilote. Photographe avide qui collectionne les appareils, Bruce aime en avoir au moins un avec lui lorsqu'il rend visite au plateau de 24h Chrono. Bruce utilise un Nikon D2X avec des lentilles Nikon pour saisir les moments « derrière-les-scènes » de 24h Chrono trouvés dans ce livre. Né et élevé à Los Angeles, Bruce prend des photos depuis qu'il a dix ans.*

YOSHI ENOKI, JR. *est un assistant du réalisateur clé en extérieur et fait partie de la série depuis la saison trois. Un des aspects de son travail consiste à scruter et photographier des lieux potentiels où 24h Chrono peut être filmé. Né à Tokyo, il a reçu son vrai premier appareil, un Minolta Maxxum 7000 SLR, quand il avait quatorze ans. Le Minolta Maxxum a piqué l'intérêt de Yoshi pour les appareils, le poussant à aller à l'école de filmographie à l'Université de Californie à Santa Barbara où il a étudié pour devenir cadreur et directeur de photographie. Yoshi a pris les photos de ce livre avec un Panasonic DMC-LXI et un Nikon D100.*

ZAK CASSAR *est depuis peu diplômé de la New York Film Academy. Lorsqu'il a pris les photographies qui figurent dans ce livre, il travaillait à mi-temps en tant qu'assistant accessoires pour la série 24h Chrono. L'intérêt de Zak pour la photographie a commencé dès son plus jeune âge, quand il a hérité des appareils numériques de son père, Jon, lorsque celui-ci est passé au modèle amélioré. Zak adore la photographie « rock 'n roll » et a pris beaucoup de photographies de concerts pour des groupes locaux de Los Angeles.*

STERLING RUSH *est le maître des accessoires et fait partie de la série depuis la première saison. Une partie du job de Sterling est d'enregistrer où et comment les accessoires de 24h Chrono sont utilisés dans une scène. Venant de la Georgie, Sterling a reçu son premier appareil, un Polaroid Kodak instantané, de ses parents quand il avait seize ans. Sterling a fait des études de théâtre à l'Université de Caroline du Sud et il a travaillé sur The Patriot, ensuite a déménagé à Hollywood pour continuer à travailler dans l'industrie télévisée et cinématographique. Sterling a utilisé un Canon S50 et un Canon F70 pour prendre les photos de ce livre.*

REMERCIEMENTS

Créer notre série télévisée est à la fois un travail difficile et un effort de groupe. La même chose peut être dite pour la publication d'un livre à propos de la création de notre série télévisée. Mon profond désir de transformer 24h Chrono : dans les coulisses en livre est dû en partie à la foi et au travail de plusieurs personnes. J'aimerais remercier Kiefer Sutherland, Joel Surnow et la Famille de 24h Chrono d'avoir soutenu ce projet. Je voudrais aussi remercier mes très talentueux confrères photographes, l'ingénieux Bruce Margolis ; Virginia King de Fox, qui a porté ce projet à l'attention de l'éditeur et qui a été la championne du projet depuis le début ; les excellents éditeurs de Palace Press – le dévoué et flexible Raoul Goff et celle qui bosse toujours avec le sourire, Lisa Fitzpatrick, et leur équipe magnifique de Palace Press – Mariah Bear, Barbara Genetin et Emilia Thiuri, et Robbie Schmidt ; Michael Goldman ; et surtout Alicia Bien ; je n'aurais pas pu le faire sans son travail inlassable, ses idées et son soutien.

–Jon Cassar

CRÉDITS PHOTOS

Jon Cassar – 6 (centre), 8, 15 (dessus), 17, 19 (dessus), 27 (toutes), 29 (dessous), 33 (toutes), 39 (dessus droite), 39 (centre droite), 40 (dessous), 42 (dessous gauche), 42 (dessous droite), 46, 47, 50 (dessous droite), 51, 55 (dessus), 59 (dessus droite), 62, 64 (dessus), 65, 69 (dessus gauche, droite), 72 (toutes), 73, 74 (toutes), 76 (dessous droite), 80 (dessous), 86 (toutes), 93 (toutes), 95 (toutes), 97 (dessus), 101 (dessous), 108 (droite), 113 (dessus), 113 (dessous), 114, 117 (toutes), 119, 120, 122 (dessus droite), 122 (dessous droite), 123 (toutes), 124, 128 (top), 129, 130, 133 (gauche, dessus droite), 134 (dessous gauche), 141 (gauche), 141 (centre droite), 145 (dessus gauche), 146 (toutes), 149 (dessus gauche), 149 (dessous gauche), 151 (dessous), 153 (dessus), 153 (dessous gauche), 154, 155 (dessous), 157, 159 (dessus), 163 (gauche, dessous droite)

Rodney Charters – 2 (gauche), 3, 10, 15 (centre), 15 (dessous), 16 (toutes), 18, 19 (dessous), 20, 21, 22, 23, 24, 25 (dessous), 26, 31, 41, 45, 57, 63, 64 (dessous), 66, 67, 68, 69 (dessous gauche), 70-71, 75 (toutes), 76 (gauche), 76 (dessus droite), 77, 79, 80 (dessus), 81, 84, 85, 92, 94, 101 (dessus), 102, 103 (dessous), 104 (dessus), 105 (dessus), 106, 108 (gauche), 118, 121, 122 (gauche), 125, 126, 127, 131 (toutes), 132, 133 (dessous droite), 135, 138 (dessous droite), 139 (dessous), 140 (dessus droite), 145 (dessus droite), 145 (dessous droite), 147 (dessous), 149 (droite), 151 (dessus), 151 (centre), 152, 153 (dessous droite), 155, 159 (centre), 159 (dessous), 161 (toutes), 162 (dessus droite), 162 (centre droite), 162 (dessous droite), 163 (dessus droite)

Isabella Vosmikova – 7, 9, 29 (dessus), 35, 36 (dessus droite), 36 (dessous droite), 37, 39 (dessous droite), 40 (dessus), 42 (dessus), 43, 44 (toutes), 48 (toutes), 50 (gauche), 50 (dessus droite), 52, 53 (toutes), 55 (centre), 55 (dessous), 56, 58 (toutes), 59 (dessus gauche), 59 (dessous), 60, 61, 78 (toutes), 82, 83 (gauche), 83 (dessus droite), 83 (dessous droite), 87, 89 (toutes), 90, 91, 96, 97 (dessous), 98, 99, 100, 103 (dessus), 107, 109, 110, 111, 113 (centre), 115, 116 (gauche), 137 (toutes), 138 (dessus droite), 138 (centre droite), 141 (dessus droite), 141 (dessous droite), 142, 143 (toutes), 144 (dessus and dessous gauche), 145 (dessous gauche), 147 (dessus), 148 (dessus droite, dessous), 160, 162 (gauche), 163 (centre droite), 165, 168

David St. Onge – 2 (centre), 25 (dessus), 29 (centre), 30, 32, 36 (dessus gauche), 36 (centre gauche), 38, 156

Jay Herron – 34, 36 (dessous gauche), 39 (gauche), 49, 83 (dessous centre), 83 (centre droite), 138 (deuxième en bac à droite), 139 (dessus), 149 (centre gauche)

Bruce Margolis – 134 (droite), 135

Alicia Bien – 134 (dessus gauche)

Zak Cassar – 104 (dessous), 116 (centre and dessous droite), 148 (dessus gauche)

Yoshi Enoki, Jr – 128 (dessous)

Michael Klick – 138 (gauche)

Sterling Rush – 140 (gauche, dessous droite)

Joseph Hodges – 144 (droite)

LA FAMILLE 24H CHRONO

00:53:27

COMPTABILITÉ
Judie Hodson
Jason Huberman
Michael Jimenez
Bob Leatham
Tristan Meija
Edison Mirzaie
Angela Mock
Tony Pacheco
Stefanie Peluso
Brian Schlesinger
Sherry Williams

DÉPARTEMENT ARTISTIQUE
Maren Brown
Seth Gass
Sergei Genitempo
Bruce Hill
Joseph Hodges
Geoffrey Mandel
Joe Merino
Andrew Murdock
Jeff Ozimek
Mark Walbaum
Scott Zuber

CAMÉRAS
Martha Cargill
Rodney Charters
Bruce DeAragon
Eric Dyson
Yusef Edmonds
Eric Guerin
Eric Gutherie
Jay Herron
Robert Kositchek
Jeffrey C. Mygatt
Jenn Martin
Krishna Rao
Mike Saad
Jon Sharpe
Guy Skinner
Tim Tillman
Naomi Villanueva
Isabella Vosmikova

DISTRIBUTION
Peggy Kennedy
Debbie Manwiller
Rick Pagano
Leanna Sheldon

SERVICE TRAITEUR
Jose Alvarez
Bruce Hecker
Romulo Hernandez
Manny Henriquez
Enrique Martinez
Filberto Martinez
Kamel Mehai
Julian Morales
Armando Panduro
Ramon Reyes
Larry Wasserman

CONSTRUCTION
Alex Aguilar, Jr.
Roger Asch
John Bakken
Charles Basurto
Jay Bedore
Damon Bowden
Ed Bowen
Tre Brownell
Caine Carruthers
Chris Dale
Steve Doss
Mike Erspamer
Rolando Garcia
Steve Handt
Gary Hardy
Jason Harrel
Mike Holcomb
Thomas Houk
George Kiapos
Kakou Kiapos
Todd Larsen
James Lerner
John Mazzola
Joe Mussehl
Paul Nahale
Scott Nelson
Tom O'Connor
Marek Pater
Mark Perry
Mark Roberts
Kim Robertson
Marcel Sandoval
Rick Shock
Rick Simplicio
Jeremy Stone
Phil Stone
Dugald Stermer
Bryan Turk
Dan Turk
Danny Turk
Mike Williams

COSTUMES
Danielle Baker
Jon Boyden
Karen 'KD' Davis
Nick Heinz
Jim Lapidus
Juan Lopez
Nick Manno
Kara Owens
Jean Rosone
Deborah Slate
Chantal Thomas
Robert Velasquez
Lisa Wong

ARTISANAT
Kevin Flynn
Patty Miliotti
Steve Miliotti
Steven Miliotti
Sherry Heller

RÉALISATEURS
Jon Cassar
Rodney Charters
Ken Girotti
Davis Guggenheim
Kevin Hooks
Stephen Hopkins
Tim Iacofano
Fred Keller
Winrich Kolbe
Dwight Little
Paul Shapiro
Bryan Spicer
Ian Toynton
Brad Turner
James Whitmore, jr.

MACHINISTES
Doug Blagg
Sandy Bloom
Carlos Boiles
Lister Colesman
Jim 'Tomcat' Downing
Craig Fetterman
Richie Galbraith
Jeremy Graham
Zoli 'Sid' Hajdu
Dave Harvey
Brandy Holiday
Dave Howard
Jodon Jetset
David Levich
Mike Listorti
Richie Metcalfe
Chris Moriarity
Lloyd Moriarity
Moses Padilla
Dave Parker
Tommy O'Connell
Michael Reyes
Lee Richardson
Scott Smith
Christian Staab
DJ Tedesco
Jeff Tomhave
Anthony Vietro
Fritz Weber
Tony Widmer

RÉGISSEURS
Tristan Daoussis
Yoshi Enoki, Jr.
John Johnston
Jodi Leininger
Bill McLellan
Ernesto Navas
Tony Salome
Jason Savage
Donovan Terranova
KC Warnke

MAQUILLAGE/COIFFURE
Raqueli Dahan
Deborah Dobson-Holmes
Lily Gart
Ania Harasimiak
Sharin Helgestad
Monica Helpman
Dee Mansano
Michael Marcellino
Susan Kelber
Tina Sims

MAQUILLAGE EFFETS SPÉCIAUX
Ed French
Greg Nicotero

MÉDIA ET MARKETING
Jacy Merson
Day Vinson

MÉDECINS
Chris Carrington
Evan Liss

MUSIQUE
Sean Callery
Jeff Charboneau
Blaine Johnson

POSTPRODUCTION
Jessica Bupp
Chris Cheramie
Elisa Cohen
Cory Collings
Larry Davenport
John Dvi-Vardhana
Paul Gadd
Andrzej Kozlowski
David Latham
Aaron Mostin
Leon Ortiz-Gil
Eric Paul
Ann Parish
Scott Powell
Chris Willingham

PRODUCTEURS
Jon Cassar
Robert Cochran
Robin Chamberlin
Robert P. Cohen
Manny Coto
David Fury
Gil Grant
Brian Grazer
Howard Gordon
Tim Iacofano
Evan Katz
Michel Klick
Tony Krantz
Stephen Kronish
Peter Lenkov
Michael Loceff
Sam Montgomery
Norman Powell
Joel Surnow
Kiefer Sutherland
Brad Turner
Cyrus Yavneh

ASSISTANTS DES PRODUCTEURS
Alicia Bien
Anne Cofell Saunders
Duppy Demetrius
Mariana Galvez
Kate Garwood
Jason Gavin
Kama Hayes
Jennifer Hodges
Robert Hull
Jenn Kessler
Jason Kissen
Monica Macer
Matt Michnovetz
Adam Neuman
Derek Pignatelli
Jenny Rosenbluth
Sesha Walker

PRODUCTION
Seth Abel
Craig Amendola
Jason Barnoski
Sara Bartkiewicz
Mev Blount
Nicole Burke
Mike Burns
Jeff Castelluccio
Ryan Craig
Andrew Culotta
Tova Dann
Baptiste De Rivel
Helen de Vivien
Rex Dominguez
Brendan Eads
Nate Ehrman
Tim Fitzgerald
Jon Fox
Rebecca Gaither
Steve Godwin
Richard Gonzales
Adam Gorczyca
Harmony Gosspee
Jason Gutierrez
Christian Kehoe
JR Kehoe
Leah King
Jason Kissen
Michael Klick
Dave Kohut
Mara Koprowski
Ryan Lamy
Gilchrist MacQuarrie
Eric Mofford
Shari Nicotero
Elion Olson
Matt Payne
Aaron Penn
Derek Pignatelli
John Poladian

Chris Porterfield
Mike Posey
Patrick Priest
Mark Rabinowitz
Steve Reese
Scott Remick
Jenny Rosenbluth
Richard Rosser
Daniel Severson
J.P. Velasquez
Todd Wasserman
Sara Woomer

DÉPARTEMENT DE DROITS
David Coleman
Randy Gunter
Steven Husch
Dick Kyker
Rick Kyker
Rob Kyker
Michael Pat Lugar
Bryce Moore
Sterling Rush

COORDINATEURS DE SCRIPT
Nicole Ranadive
Donna Rooney
Holly Henderson
Barb Siebertz
Sheryl Johnson
Jessica Abrams

SUPERVISEURS DE SCRIPT
Paula Dusman
Anne Melville
Tracy Zigler

DÉCORATION DE PLATEAU
Daril Alder
Scott Bailey
Neil Bowman
Glenn M. Carrere
Chuck Courier
Alan Day
Ron Elmer
Yukion Frierson
Bruce Fuselier
Geno Ghiselli
Chris Grantz
Jen Harris
Kurt Hulett
Claudia Rebar
Rhea Rebbe
Ben Robertson
Sterling Rush
Mark Sakamoto
Doug Sieck
James Shumaker
Vartan 'VT' Tashjian
Chris Villareal
Larry White

ÉCLAIRAGE
Roger Blauvelt

Roger Bolanos
Ricky Carillo
Billy Craft
Chirs Eichman
Ernie Enriquez
Darryl 'Sparky' Herzon
Jeff Hoffma
Trev Holmes
Tom Seber
Steve Shaver
David St. Onge
Christopher Whitman
Eric Willis

MIXAGE DE SON
Gloria Cooper
Bill Gocke
Kenneth Kobett
Michael Olman
Mark Overton
Todd Overton
Corey Woods

MONTAGE DU SON
Pembrooke Andrews
William Dotson
Laura Macias
Vinny Nicastro
Rick Polanco
Cathie Speakman
Jeff Whitcher

EFFETS SPÉCIAUX
Scott Blackwell
Stan Blackwell
George Paine

REMPLAÇANTS
John Andrus
Alicia Bien
Robert Bezanilla
Roslyn Bezanilla
Kristen Brennan
Brittany Burch
Brendan Eads
Stan Eckels
Jason Gutierrez
Greg Hartigan
Michael Jacey
Christian Kehoe
Steve Lanza
Rebecca Larsen
Sven Lindstrom
Scott Lusby
Christian Lutz
Samantha Maze
Marci Michelle
Karen Mingus
Faith Palmer
Rikki Rae
Emile Williams
Kevin Woods

Cascadeurs
Greg Barnett

Jeff Cadiente
Eddy Donno
Matt Taylor

TRANSPORT
Art Aguilar
George Alden
Nate Antunez
Sherri Arter
Mike Bangs
Chris Beans
Rod Beardon
Andy Boyd
Greg Bonner
Steve Buring
Max Delgado
Greg Dirado
Jerry 'J.D.' Drake
Jake Elliott
Erin Evans
Lee Everett
Skip Fairlee
Cody Frost
Sean Glenn
Dino Grossi
Wendy Hallin
Mark Holmes
Ray Joyce
Brian Kay
Jody Krieinbrink
Hal Lary
Ed Lassak
Bobby Lee
Freslet Lefrance
Fred Liberman
Jim Lundin
Jan Marino
Mark Maymo
Doug Miller
Dennis Miliken
Chuck Montgomery
Kenneth Murray
Steve Nickle
Steve Polan
Patty Rust
Sam Seccomb
Mike Shaw
Lowell Smith
Tommy Ray Smith
Lee Stepp
Rick Suggett
Jim Sullivan
Marshall Taylor
Troy Tomerlin
Lana Vermillion
Eddy Lee Voelker
David Wheaton
Harold Woods

PLAY-BACK VIDÉO
Olivier Benamou
Matt Bosson
Bernie Druckman
Rick Dungan

Bob Johnston
Simon Knights
Mark Marcum
Dan Murbarger
Tim Whittet

AUTEURS
Remi Aubuchon
Michael Chernuchin
Robert Cochran
Anne Cofell Saunders
Neil Cohen
Elisabeth M. Cosin
Manny Coto
Duppy Demetrius
David Ehrman
David Fury
Gil Grant
Howard Gordon
Lawrence Hertzog
Maurice Hurley
Chip Johannessen
Evan Katz
Stephen Kronish
Peter Lenkov
Michael Loceff
Matt Michnovetz
Steve Mitchell & Craig Van Sickle
Sam Montgomery
Andrea Newman
Nicole Ranadive
Joel Surnow
Virgil Williams

TÉLÉVISION
20TH CENTURY FOX
Chris Alexander
Arlene Getman
Jeffry Glaser
Gary Hall
Sharon Klein
Gary Newman
Bruce Margolis
Tony Martinelli
Steven Melnick
Jennifer Nicholson-Salke
Jim Sharp
Dana Sharpless
Dana Walden

FOX
Robin Benty
Gail Berman
Peter Chernin
Dianne Cooper
Craig Erwich
Ted Gold
Josh Governale
Missy Halperin
Jonathan Hogan
Michelle Hooper
Peter Ligouri
Tom McGovern
Marcy Ross

Russell Rothberg
Marcia Shulman
Pam Smith
Trae Williams

IMAGINE
Skip Chasey
Robin Gurney
Brian Grazer
David Nevins
Tony Krantz
Robert Kwak
Erin Nowocinski
Sonja Piper Dosti

Et d'autres que nous avons peut-être omis par accident. Merci pour ces cinq années magnifiques !

00:00:00

COLOPHON

Le corps de ce livre a été imprimé en Berthold Akzidenz Grotesk. Cette police a été conçue en 1896 par Günter Gerhard Lange pour l'entreprise Berthold et est le précurseur de la populaire Helvetica. En allemand, Akzidenz évoque une police commerciale ; grotesk veut dire « police ». Les sous-titres utilisent la Bank Gothic, une police influencée par Bauhaus et conçue en 1930 par Morris Fuller Benton pour l'entreprise ATF.

Ce livre a été imprimé en couleur, avec un vernis spot poli, au traitement sec et différé.

Éditeur & directeur créatif : Raoul Goff

Directeurs exécutifs : Michael Madden, Peter Beren

Éditrice d'acquisition & développement : Lisa Fitzpatrick

Directeur exécutif, licence de Fox & merchandising : Virginia King

Superviseur de projet : Alicia Bien

Éditeur : Michael Goldman

Directeur stylistique : Iain Morris

Graphiste : Barbara Genetin

Assistant graphiste : Gabe Ely

Éditeur exécutif : Mariah Bear

Manager de production : Lisa Bartlett

Insight Editions remercie Monika Lasiewski.